ムズカシイことぬき!

きほんの和食。

村田明彦

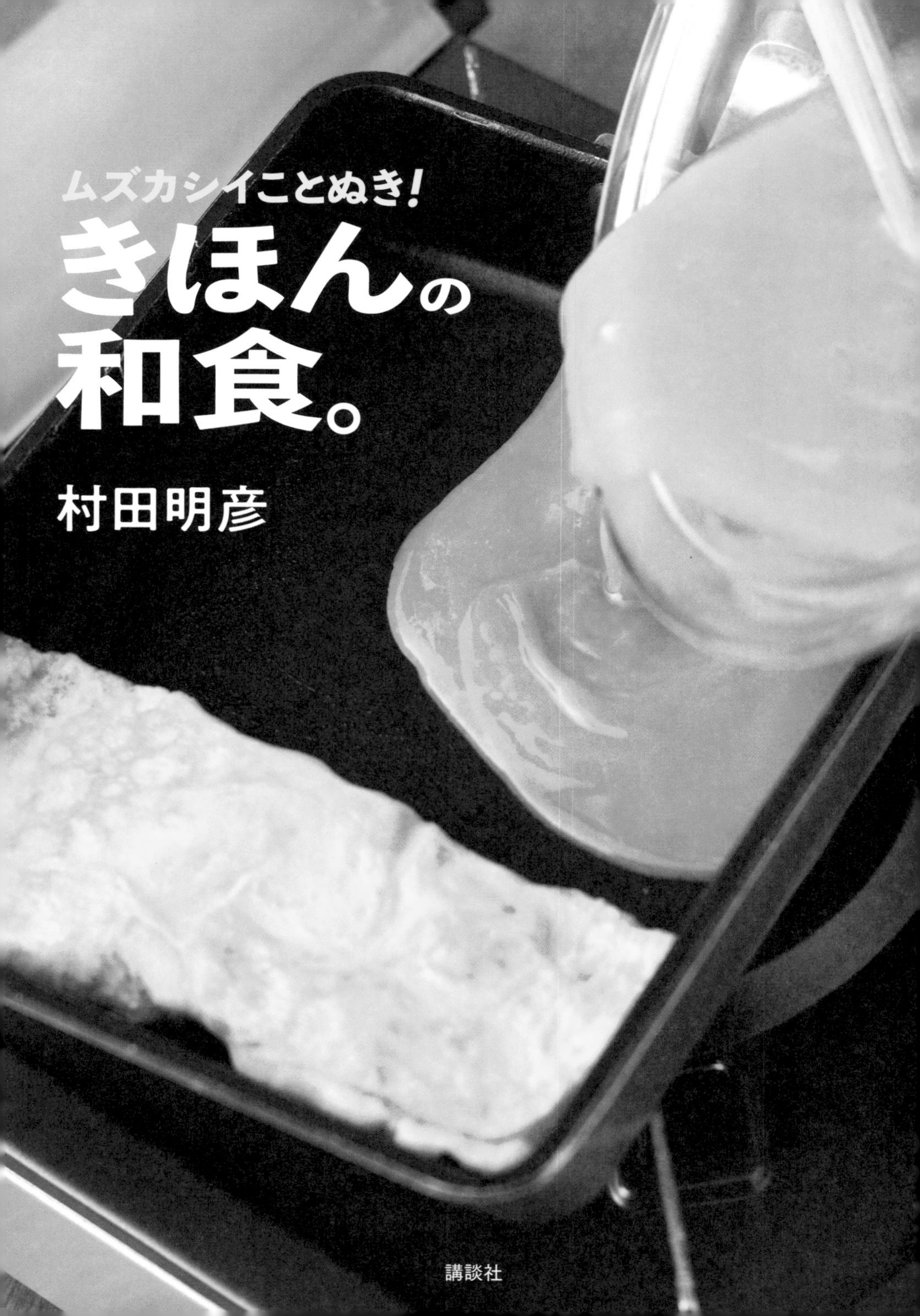

講談社

「きほんの和食」をおいしくする究極の時短・激旨！テクニック

本書では、「肉じゃが」「鶏の照り焼き」など、料理の名前を聞いたら、味や形がすぐに思い出せるような、毎日のごはんに食べたくなる「きほんの和食」を厳選しました。

せっかく作るなら、自宅でもプロの味を手軽に再現したい！そんなわがままを叶えてくれたのが、ミシュラン一つ星を7年連続で獲得した和食の名店『鈴なり』の店主・村田明彦料理長。

まず、調理時間を短縮するには、どこに時間がかかっているかを把握することが大切です。例えば、味がしみ込むまでに時間がかかる厚切り大根は、冷凍して細胞を壊しておけば調理時間は、一気に⅓以下に短縮できます。そのほか、玉ねぎの甘みや、きのこの旨みを出すのも冷凍して細胞を壊しておくのが断然早道。その他、当たり前ではありますが、炊いたごはんを冷凍しておくと、時間がない日もすぐに食事の準備が整います。

ただ、プロとしてどうしても外せないこだわりもあります。例えば、ふろふき大根は時間短縮よりもみずみずしい食感を優先したいので冷凍はしない主義です。ただし「おでん」の大根は冷凍OKなど、村田料理長ならではのルールをお伝えします。

どのメニューにもテクニックを写真つきでわかりやすく入れました。手順を追いながら作ってみてください。

甘栗
むいちゃいました

目次

Part 1
献立作りに役立つ単品おかず54
人気の定番がずらり！
野菜・肉・魚・卵・豆腐・汁物

● 小さじ1は5cc、大さじ1は15cc、カップ1は200ccです。
● 電子レンジの加熱時間は特に表記がない場合、600Wを使用したときの目安です。500Wなら加熱時間を1.2倍にしてください。なお、機種によって多少異なることがありますので、様子を見ながら加減してください。

Part 2
1品でも納得の満足感！
時間がない日のすぐ出来ごはん29
丼・ご飯、麺、鍋

Part 3
手抜きに見えない！
週末の腕まくりメニュー9
肉料理、寿司、ご飯

【この本の使い方】
- 野菜類は特に記載が無い場合、洗う、皮をむくなどの作業をすませてから手順を説明しています。
- フライパンは原則としてフッ素樹脂加工のものを使用しています。作り方の火加減は特に表記が無い場合、中火で調理してください。

本書で使う「基本のだし」

カンタンPOINT 一晩つけ置くだけで、手軽に雑味の少ない出汁が取れる

水だし

作業時間 5 min

【材料】
水…1ℓ
出汁昆布…15g
かつおぶし…20g（お茶パックに入れる）

【作り方】
❶麦茶ポットにすべての材料を入れ、冷蔵庫に入れ一晩おく（6時間）。
※ 昆布のみ、昆布＋煮干し、昆布＋干しシイタケなど他の素材の組み合わせでもお試しください。

保存方法
冷蔵庫にそのまま入れ**3日以内**に使う。それ以上経つと雑味が出るので煮物やみそ汁に活用して早く使いきる。
※だし殻は、鍋で一度空炒りした後、しょうゆや砂糖で味つけするとふりかけになる。

〈POINT〉

※かつおぶしをお茶パックに入れて使用すると便利。

「市販の顆粒だし」を使う場合

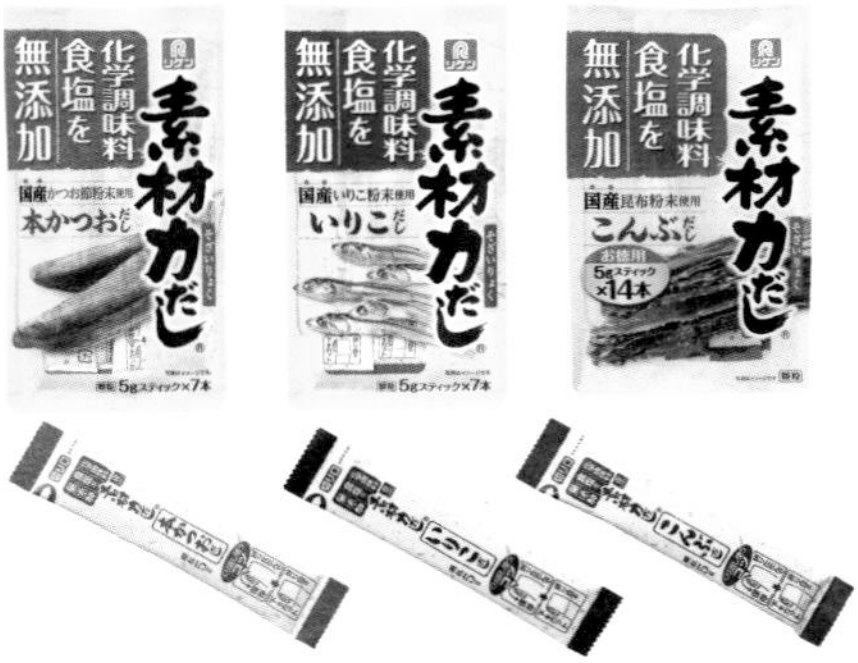

リケン素材力だし　1本（5g）
動物性食材に使うときには昆布だしを。植物性食材に使うときには本かつおやいりこだしを使うと旨味が数倍にアップする。
特に指定が無い場合、湯（水）500mℓにスティック1本を溶かす。

お吸い物に最適な香り高いだしに

万能だし

作業時間 50 min

【材料】
水…1000mℓ
出汁昆布…15g ※鈴なりでは「真昆布」
かつおぶし……20g

【作り方】
❶出汁昆布を布などで乾拭きし、鍋に分量の水を入れ、30分以上漬ける。
※前日から水につけ、水出しでも大丈夫。
❷昆布を入れたまま、弱火強で火にかける。温度は60 ～ 80℃以下に保つ。
❸10分ほど経過し、鍋が温まったら、昆布に爪を立て、爪が刺さるくらいになったら、昆布を取り出す。
※強く煮出すと磯の香りが強くなり、ぬめりや濁りの原因になる。温度の上げすぎに注意。
❹鍋を一度沸騰直前まで熱し、火を止める。
❺かつおぶしを入れ1 ～ 2分置き、ざるにキッチンペーパーを置いて、漉す。
❻ボトルに入れて冷めてから冷蔵庫で保存。3日以内に使う。

Part 1

人気の定番がずらり!

野菜・肉・魚・卵・豆腐・汁物

献立作りに役立つ単品おかず54

カンタンPOINT
仕上げに「はちみつ＋バター」の隠し味が決め手

肉じゃが

調理時間 30 min

【材料（2人分）】
玉ねぎ…1個
白滝…1玉
にんじん（乱切り）…½本
じゃがいも（芽をとり大振りに4等分）…3個
牛こま切れ肉…150g
ごま油…大さじ1
A
だし汁…350㎖ ※P.6参照
※水350㎖に顆粒だし1本（5g）でもOK
酒…大さじ2
砂糖…大さじ2
B
しょうゆ…大さじ2と½
みりん…大さじ2
〈仕上げ〉
C
はちみつ…大さじ½
しょうゆ…小さじ½
バター…1かけ（10g）

【作り方】
冷凍しておく食材
❶玉ねぎはくし切りにする。
❷❶の水けをキッチンペーパーで取り、フリーザーバッグに入れて冷凍する。a

調理スタート
❶白滝の水けをざるで切り、10㎝のざく切りにする。b
❷鍋にごま油を引き、強火で熱し、にんじん→じゃがいも→冷凍玉ねぎ→白滝→牛肉の順に強火で炒める。c
❸牛肉の色が変ったらAを入れ、落し蓋をして中火弱で10分ほど炊く。d
❹Bを入れて強めの中火にして、蓋をせずに5分ほど炊く。e
❺火を弱め、Cを加えてバターが溶けたら完成。f

保存方法 冷ましてから密閉保存容器に入れ、冷蔵保存2日

調理のポイント

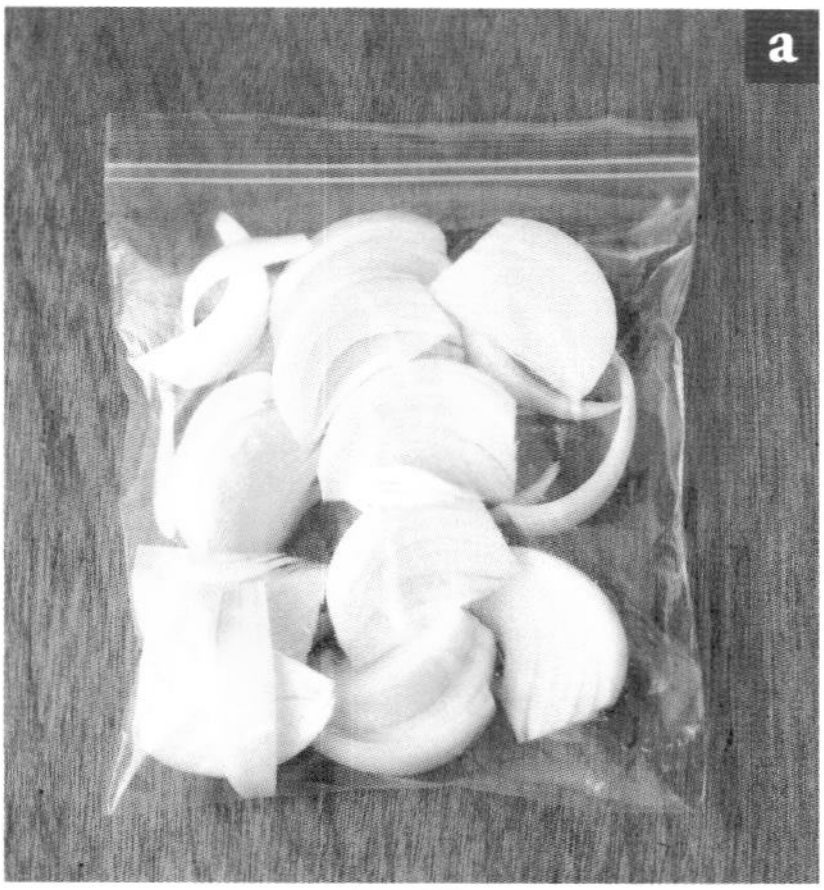

カンタンPOINT

仕上げの日本酒ちょい足しで、断然コク旨！

筑前煮

調理時間 30 min

【材料（2人分）】

干ししいたけ（半切り）…3〜4枚
里いも（縦十字切りひと口大）…4個
にんじん（乱切り）…½本
れんこん（乱切り）…小サイズ1節（約120g）
ごぼう（小さめ乱切り）…100g
こんにゃく…120g
鶏もも肉（一口大に切る）…150g（皮つき）
ごま油…大さじ1と½
A ┌めんつゆ（4倍濃縮）…大さじ5
　│水（しいたけ戻し汁）…200㎖
　└日本酒…大さじ2

濃いだし本つゆ（キッコーマン）
かつお節、宗田かつお節、いわし節、まぐろ節の４種の節と真昆布のだしを使用した旨味が濃いつゆ。

【作り方】

❶耐熱容器に水300㎖（分量外）と軽く洗った干ししいたけを入れ、電子レンジで約4分加熱し、20分ほど置いておく。 a
❷野菜を切る。 b
❸こんにゃくを煮た後でも固くならないように、すりこぎ棒でたたく。 c
❹一口大に手でちぎる。 d
❺鍋にごま油を引き、中火で熱し、鶏肉を皮目から焼き、焼き色をつける。
❻鶏肉が全面焼けたら、野菜を加えて全体がなじむように中火で炒める。 e
❼Aを入れ、強火にする。
❽沸騰したら中火よりやや弱めの火加減にして、蓋をして野菜が柔らかくなるまで炊く。
※厚い部分に竹串を刺してスッと通るくらいやわらかく煮えたら完成。
❾最後に強火にして煮からめる。 f

保存方法 冷ましてから密閉保存容器に入れ、冷蔵保存５日

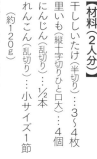

調理のポイント

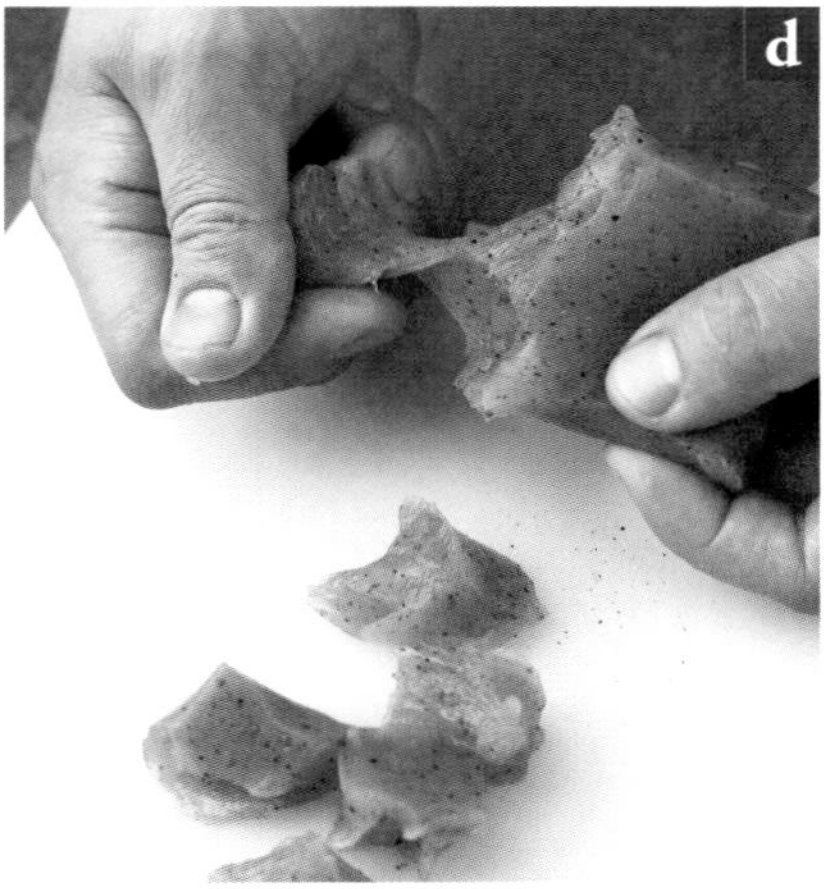

焼ききのこのおひたし

ふわふわ玉子のおひたし

基本のおひたし

カンタンPOINT

基本とアレンジを覚えれば、脱マンネリ

小松菜のおひたし3種

調理時間 20 min

【材料（2人分）】

食べ方はお好みで選びます

●〈基本のおひたし〉

小松菜（ざく切り）…½束

A
- 水…150㎖
- 白だし…大さじ4

のり（ちぎる）…1枚（おにぎり用）

●アレンジ①
〈ふわふわ玉子のおひたし〉

B
- 卵…1個
- 水溶き片栗粉（片栗粉1：水2）…大さじ½
- 塩…少々

バター…5g（½かけ）

のり（ちぎる）…1枚（おにぎり用）

【作り方】

●〈基本のおひたし〉

①小松菜の根元に十字に切れ目を入れ、水で洗う。a

②鍋に湯を2ℓ沸かし、沸騰したら塩（10g）を入れ、小松菜の根元の方を下にして入れて15秒ゆがく。b

③全体を入れて40秒ほどゆでる。

④シャキシャキの歯ごたえを残すために氷水に入れ、熱をしっかり取る。c

⑤根元から葉先に向けて水けをしぼる。d

⑥ざく切りにして、根元は十字に手で裂く。e

⑦Aを合わせ、⑥によくもみこむ。f

⑧器に盛り、のりをのせる。

●アレンジ①
〈ふわふわ玉子のおひたし〉

①耐熱ボウルに、Bを入れて箸で溶きほぐす。

②電子レンジで30秒加熱したら1度取り出して軽く混ぜ、再度30秒かけて混ぜる。

③〈基本のおひたし〉と和えて器に盛り、のりをのせる。

保存方法 密閉保存容器に入れ、冷蔵保存2日間

調理のポイント

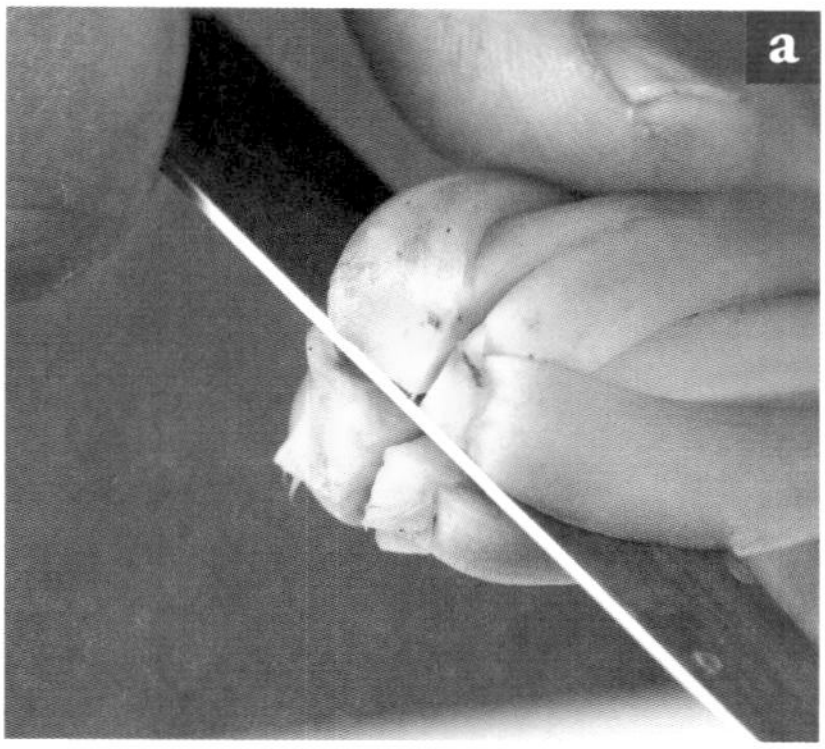

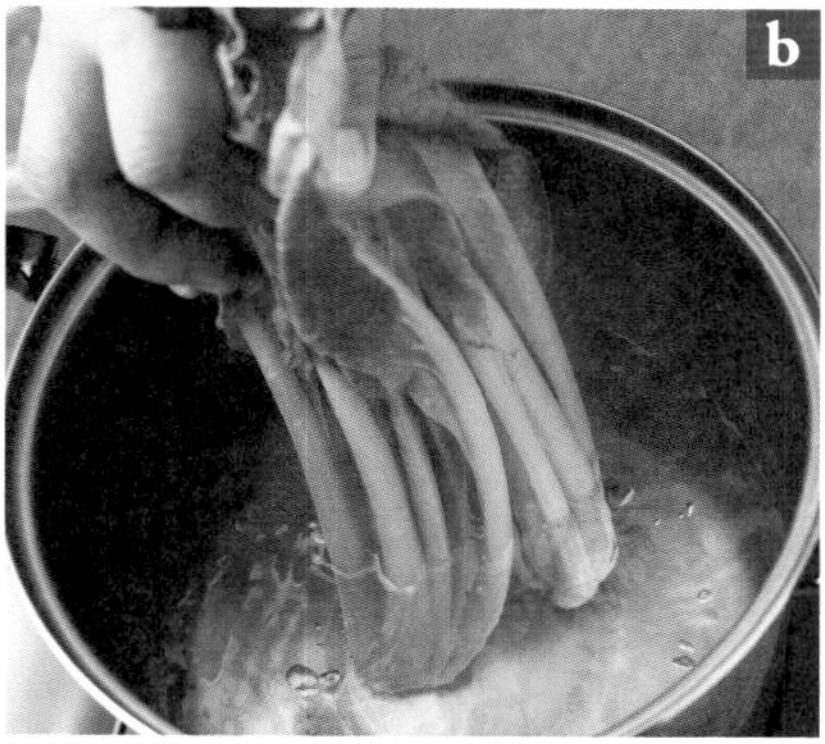

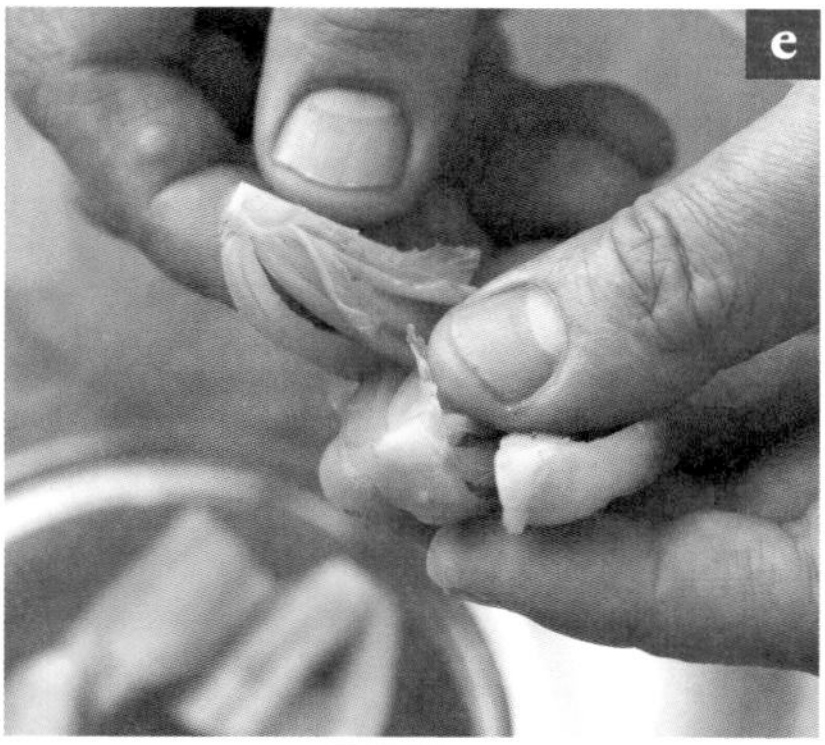

●アレンジ②〈焼ききのこのおひたし〉

材料
ごま油…大さじ½杯
しめじ…½パック（ほぐす）
大なめこ…1パック（ほぐす）
塩…少々
皮なしクルミ（砕く）…20g

作り方
❶フライパンにごま油を入れて強火で熱し、しめじ、大なめこを入れて強火で焼く。
❷焼けたら、塩で味つけする。
❸**〈基本のおひたし〉**と和えて器に盛る。
❹砕いた皮なしクルミをのせる。

ポテトサラダ

カンタンPOINT マヨネーズにねり辛子と白ワインでお店の味に

調理時間 20 min

【材料（2人分）】

じゃがいも（メークイーン）…2個（250g）
ベーコン（細切り）…60g
アンチョビ（缶詰）（粗みじん切り）…3本

A
- きゅうり（輪切り）…½本
- 玉ねぎ（薄切り）…½個
- 貝割れ大根（ざく切り）…½パック
- 塩…小さじ½杯

B
- マヨネーズ…大さじ2
- 白ワイン…小さじ2
- ねりがらし…小さじ1
- ゆで卵…1個
- 生クリーム…大さじ1
- ※（またはコーヒーフレッシュ1個）
- 粗挽き黒コショウ…小さじ¼

【作り方】

❶じゃがいもを水洗いしてフォークで3箇所ほど刺しておく。
❷濡れたままラップに包んで耐熱皿にのせ、電子レンジで6分30秒ほど加熱する。
❸熱いうちに芋のゴロゴロ感が残るようにざっくり崩して冷ましておく。
❹フライパンにベーコンとアンチョビを入れ、中火で炒める。
❺ベーコンに火が通ったら器に出して冷ましておく。
❻Aの野菜を切り、分量の塩を入れて和え、5分程おいて水分が出てきたら、つぶれない程度に揉んで水けをしぼる。a
❼❸のじゃがいもが冷めたら、B、❺、❻と和える。

保存方法 密閉保存容器に入れ、冷蔵保存3日

カンタンPOINT 熱々の漬け汁につけ、出汁のうまみを吸わせる

プチトマトとオクラのレモン浸し

作業時間 15min

【材料（2人分）】

プチトマト…10個
オクラ…4本
レモン（厚めのスライス）…1/4個
かつおぶし…小さじ1
A ┌だし汁……150㎖ ※P6参照
　 │みりん……15㎖
　 └しょうゆ……15㎖

【作り方】

❶プチトマトのへたを取り、数ヵ所楊枝で刺す。
❷オクラのへたを取り、まな板の上にのせて塩をまぶし、両手で軽く転がし、産毛を取る。
❸小鍋に湯（500㎖）を沸かし、❶を15秒ほど湯がき、氷水に取り、冷やして皮をむく。
❹同じ鍋でオクラを1分30秒ほど湯がき、氷水に取って冷ます。
❺キッチンペーパーでトマトとオクラの水けを取る。
❻鍋にAを入れて強火で沸騰させて火を止める。
❼❺、❻、レモンを容器に入れる。2時間ほど置いてだしをなじませる。
❽オクラを一口大に切る。
❾器に盛り、かつおぶしをふって完成。

焼きパプリカのマリネ

調理時間 10min

材料と作り方

❶パプリカ3色（各色1/2個）を半分に切り、へたと種を取り除く。
❷強火のグリルで両面2分ずつ焼き、焦げ目から裂くようにして皮をむき、乱切りにする。
❸鍋に、だし汁（150㎖）、みりん・しょうゆ（各15㎖）、酢（30cc）入れて火にかける。
❹沸騰したら容器に入れ、❷、きざみしょうが（小さじ1/2）、あらびき黒こしょう（小さじ1/8）を入れてしっかり冷ます。

保存方法 密閉保存容器に入れ、冷蔵保存3日

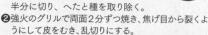

カンタンPOINT　大根は冷凍せずに、ジューシーに仕上げる

ふろふき大根鶏みそがけ

調理時間 30 min

【材料（2人分）】

大根…4cm厚さ2個
だし汁…400ml ※P.6参照
※水400mlに顆粒かつおだし1本（5g）でもOK

〈鶏みそあん〉
鶏ひき肉…60g
信州みそ…大さじ3
砂糖…大さじ3
みりん…大さじ1
酒…大さじ1
おろししょうが…小さじ1

【作り方】

❶皮をむいた大根を4cm厚さに切り、裏側に十字に隠し包丁を入れる。a

❷鍋にだし汁、❶を入れて強火で熱し、沸騰したら中火にして、やわらかくなるまで25分炊く。b

❸フライパンに〈鶏みそあん〉材料を合わせ、滑らかになるまで中火弱で8分ほど焦げ付かないようにしゃもじで混ぜ続ける。c

❹器に大根を盛り、❸をかけ、❷のだし汁を器に張る。

保存方法 鶏味噌…冷蔵保存3日　大根…だしにつけたまま冷蔵保存3日

カンタンPOINT
ベーコンを入れて炊くと断然旨い！ 店でも使う裏技です

里芋とベーコンの煮物

調理時間
30
min

【材料（2人分）】

里いも…6個
小麦粉…大さじ1
ごま油…大さじ1
薄切りベーコン（2㎝幅に切る）…2枚（40g）
万能ねぎ（小口切り）…3本
A
だし汁…100㎖ ※P.6参照
※水100㎖に顆粒だし⅔本（2.5g）でもOK
めんつゆ（4倍濃縮タイプ）…大さじ1
おろししょうが…小さじ2

【作り方】

❶里いもを洗い、里いもの皮に包丁で一周薄い切り込みを入れて、10分ほどやわらかくなるまでゆでる。a
❷火が通ったら、皮をむく。b
❸縦半分に切り、小麦粉をまぶす。
❹フライパンにごま油を入れ、小麦粉をまぶした里芋を中火で焼く。
❺小麦色になったら、ベーコン、Aを入れ、中火で煮絡める。c
❻器に盛り、万能ねぎをちらす。

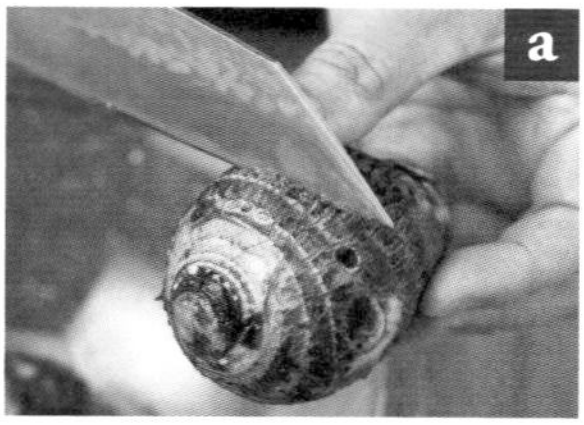
a

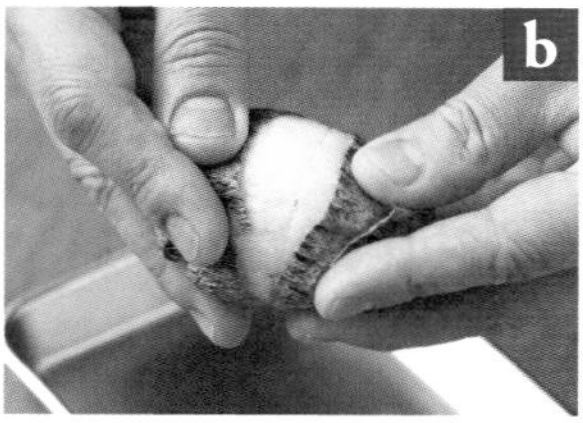
b

c

保存方法 冷ましてから密閉保存容器に入れ、冷蔵保存3日

カンタンPOINT ボイルせず、フライパンでソテーすることで濃厚に

ほうれんそうの胡麻和え

調理時間 15 min

【材料(2人分)】

ほうれんそう…1束

ごま油…大さじ1

A
- すりごま…大さじ4
- しょうゆ…小さじ2
- 砂糖…大さじ½
- 梅干し(種を除いて細かく叩く)…1個

【作り方】

❶ほうれんそうは乾いた根っこの部分を切り落とす。※束がバラバラにならない部分で切る。

❷ほうれんそうの束を左手に持ち、根元に十字に切り込みを入れる。a

❸ボウルに水をため、根元側を軽くもむように洗う。葉はさっと洗い、しっかり振って水けを切る。b

❹フライパンにごま油を引いて強火で熱し、ざく切りしたほうれんそうを炒める。

❺全体がしんなりしたら、皿に取り、冷ましておく。c

❻ボウルにA、❺をあわせて和え、器に盛る。

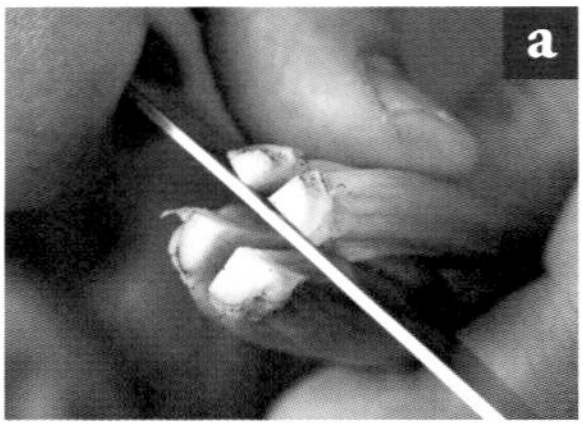
a

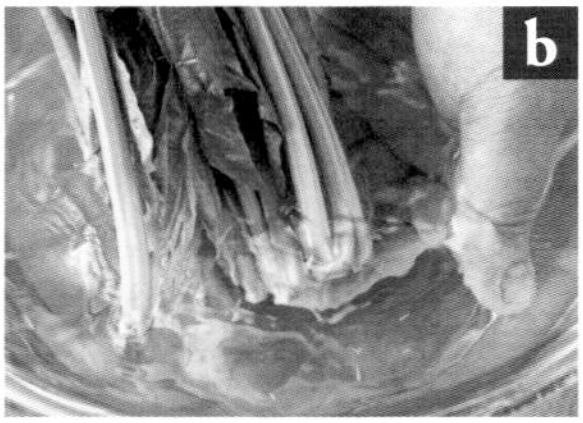
b

c

保存方法 ▶ 密閉保存容器に入れ、冷蔵保存3日

カンタンPOINT
仕上げにせん切りしょうがをざっくり混ぜてコク旨に

かぼちゃの煮物

調理時間
20
min

【材料（2人分）】
かぼちゃ…1/4個
水…150㎖
A 砂糖…大さじ1と1/2
しょうゆ…大さじ1と1/2
みりん…大さじ1
B しょうが（せん切り）…10g
酒…大さじ1

【作り方】
❶かぼちゃを一口大に切り、面取りする（固くて切りづらい場合はラップに包み電子レンジで加熱し、少し皮を柔らかくしてから切る）。
❷味がしみ込みやすいよう部分的に皮をむき、煮崩れ防止に野菜の角を取る（面取り）。a
❸鍋にかぼちゃをぴったり入る様に並べ、Aを入れて強火にかける。b
❹沸騰したら、弱めの中火にし、落し蓋をして柔らかくなるまで炊く。
❺かぼちゃが柔らかくなったら、Bを入れ、鍋をふって混ぜる。
❻一瞬強火にして火を止めて完成。c

保存方法 冷ましてから密閉保存容器に入れ、冷蔵保存2日

カンタンPOINT タコを酢でもむことで、食感を存分に味わう

タコ、きゅうり、わかめの酢の物

調理時間 20 min

【材料（2人分）】

きゅうり（輪切り）…1本
塩…少々
ゆでダコ（そぎ切り）…120g
酢…大さじ1
乾燥わかめ（もどす）…小さじ4（4g）
A
- 水…60㎖
- 酢…大さじ2
- 砂糖…大さじ1
- きざみしょうが…小さじ2
- 梅干し（細かくたたく）…½個

【作り方】

❶きゅうりに塩をふり、ひと混ぜして全体に塩を行き渡らせる。出た水分をきっちり絞る。a

❷ボウルにタコを入れ、酢を加えてもむ。これにより歯ごたえが出る。余分な酢を捨てる。b

❸ボウルでAの調味料を砂糖が溶けるまで混ぜる。❶、❷、わかめを加えて和え、器に盛る。

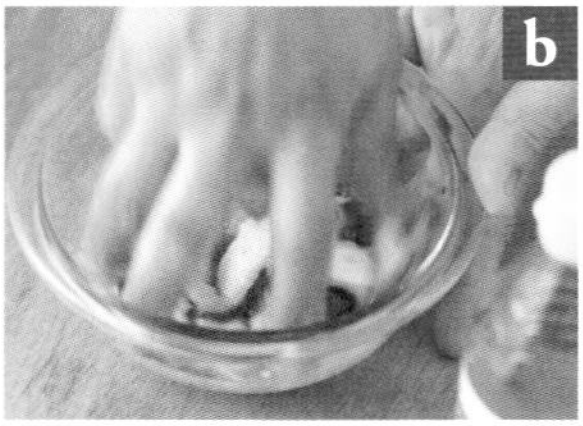

ふえるわかめちゃん（理研ビタミン）
三陸の良質な原料を使用した歯ごたえの良い乾燥わかめ。

保存方法 密閉保存容器に入れ、冷蔵保存2日

カンタンPOINT 昆布の旨味と、柑橘の香りでお箸が止まらない

野菜の甘酢漬け

作業時間 10 min
※漬ける時間は含まない

【材料】

大根…600g
昆布…10g（5cm角2枚）
柚子皮…5g
A ┌砂糖…100g
　 │酢…36ml
　 └塩…20g

【作り方】

〈柚子の皮をむく〉

❶柚子の皮を丸みにそってそぐようにむく。この時白い部分は一緒にむいて構わない。

❷白い部分を上に向け、白い部分をそぐように取り除く。a

❸端から1～2mm幅の細切りにする。b

〈漬け物をつける〉

❶昆布をキッチンばさみで小さく切る。

❷大根は皮をむいて縦に十字に切って大きめの乱切りにする。

❸柚子皮、❶、❷を密閉保存袋に入れる。

❹Aを入れて全体をもんで混ぜ合わせ、冷蔵庫で一晩漬ける。c

a

b

c

保存方法 ▶ 密閉保存容器に入れ、冷蔵保存14日間

カンタンPOINT

豚ばら細切り肉を加えて、おかず感アップ！

きんぴらごぼう

調理時間 20 min

【材料（2人分）】

- 豚ばらスライス（細切り）…2枚（60g）
- ごぼう（細切り）…½本（100g）
- にんじん（細切り）…⅓本（50g）
- ごま油…大さじ½
- 白炒りごま…小さじ1
- A
  - 砂糖…大さじ½
  - みりん…大さじ½
  - 酒…大さじ1と½
  - しょうゆ…大さじ½
  - 酢…小さじ1
  - 鷹の爪（輪切り）…⅓本

【作り方】

❶フライパンにごま油を引き、中火で熱し、豚肉を入れる。

❷豚肉に熱が入って白くなったら野菜を加えて、野菜がしんなりするまで炒める。a

❸Aを入れ、中火で汁けが無くなるまで炒め、火を止める。b

❹ごまを入れて混ぜ、器に盛る。c

保存方法 冷ましてから密閉保存容器に入れ、冷蔵保存5日

カンタンPOINT 野菜をしょうゆ洗いする、プロの技をマスター

白和え

調理時間 20 min

【材料（2人分）】

こんにゃく（棒状に切る）…½枚
にんじん（棒状に切る）…¼本
しいたけ（厚めの薄切り）…2枚
いんげん（4等分に切る）…15本
めんつゆ（4倍濃縮タイプ）…大さじ1
ごま油…小さじ2
A
木綿豆腐（キッチンペーパーに包んで水切りする）…⅓丁
ツナ缶（オイル漬け）…½缶
※オイルは切って使う
ねりごま…大さじ½
みそ…小さじ2

【作り方】

❶こんにゃくを塩もみする。こんにゃくの臭み取りと、味を染み込みやすくする効果がある。a
❷鍋に湯を1ℓ程度沸かし、切った野菜とこんにゃくをざるに入れ、1分ほど湯がき、氷水に取って冷やす。b
❸❷の水けをキッチンペーパーで取り、めんつゆで和える。
❹❸の汁けをキッチンペーパーで取り、ごま油で和える。
❺ボウルにAを混ぜ合せる。
❻❺と❹をざっくり和える。c

a

b

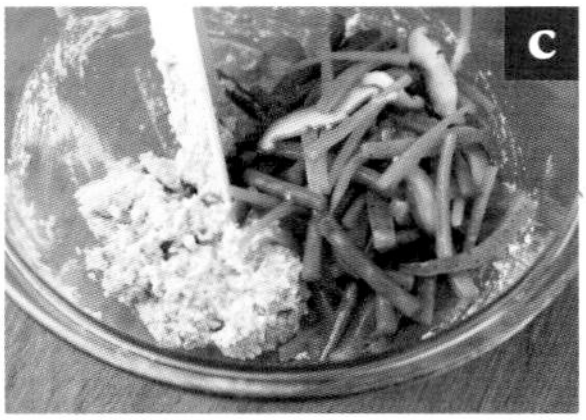
c

保存方法▶密閉保存容器に入れ、冷蔵保存3日

カンタンPOINT

皮が黒く焦げるまで焼くと皮が断然むきやすい

焼きなす

調理時間 15 min

【材料（2人分）】

なす…2本

サラダ油…小さじ1

A
- かつおぶし…大さじ2
- おろししょうが…小さじ1/4
- 長ねぎ（白い部分みじん切り）…1/8本

〈タレ〉
- だし汁…大さじ1 ※P.6参照
- ポン酢…大さじ1
- わさび…小さじ1/4

※かつおだし（大さじ2）＋しょうゆ（大さじ1）でもOK。

【作り方】

❶なすのへたの部分に包丁で1周薄い切り込みを入れる。a

❷なすのおしりから菜箸を刺して、なす同士をたたき合わせる（なすの実がやわらかくなり、皮がむきやすくなる）。b

❸なすに油を塗り、魚焼きグリルで皮全体が黒く焦げるまで焼く。c

❹皮をへたのほうからむく。

❺食べやすい大きさに切って器に盛り、Aを乗せ、〈タレ〉材料を合わせてかける。

a

b

c

保存方法 冷ましてから密閉保存容器に入れ、冷蔵保存1日

カンタンPOINT
乾燥桜エビを乾煎りして、香ばしく風味をアップ

なすの揚げびたし

調理時間 15 min

【材料(2人分)】

なす(へたを取って大きめの乱切り)…2本
乾燥サクラエビ…大さじ2
サラダ油…大さじ2
だし汁…150㎖ ※P.6参照
※水150㎖に顆粒だし1本(5g)でもOK
A
みりん…大さじ1
しょうゆ…大さじ1
鷹の爪(輪切り)…½本

【作り方】

❶フライパンにサクラエビを入れ、弱火で2分ほど空煎りし、器に出しておく。a
❷フライパンに油を引いて中火で熱し、なすを入れ、3〜4分ほど揚げ焼きにする。b
❸❷のなすをキッチンペーパーにのせて油を切る。
❹鍋にA、❶、❸を入れ、中火でひと煮立ちさせて火を止め、器に盛る。c

a

b

c

保存方法 冷ましてから密閉保存容器に入れ、冷蔵保存3日

カンタンPOINT らっきょうの甘味とマヨネーズのソースでコクを出す

鶏のつくね焼き

調理時間 30 min

【材料（2人分）】

鶏ひき肉…200g
塩…少々
ピーマン…6個
小麦粉…大さじ2
ごま油…大さじ2

A
玉ねぎ（みじん切り）…¼個
らっきょう（みじん切り）…5個
マヨネーズ…大さじ2

〈タレ〉
めんつゆ（4倍濃縮タイプ）…大さじ2
水…大さじ4
砂糖…大さじ½
七味唐辛子…小さじ⅕（少々）

〈付け合わせ〉
ピーマン…6個

※焼肉にサンチュが合うように、こってりつくねには生ピーマンのフレッシュさが絶妙で、無限にピーマンが食べられます。

【作り方】

❶ボウルに鶏ひき肉と塩を入れ、ねばりが出るまでしっかりゴムベラで練り合わせる。a
❷❶にAを混ぜてしっかり練り合わせる。b
❸小麦粉（大さじ1）をバットにふり、一口大に丸めた❷を並べて、小麦粉（大さじ1）を振り、再度丸めて形を整える。c
❹フライパンにごま油を引き、❸を並べて中火で3分焼く。d
❺反対面に返して、蓋をして弱火で4分焼く。e
❻〈タレ〉材料を入れて、中火で2分弱煮詰めて火を止める。f
❼蓋をして余熱で2分蒸らして完成。
❽ピーマンを半分に切って種を取る。
❾ピーマンに鶏のつくねを乗せて食べる。

保存方法 冷ましてから密閉保存容器に入れ、冷蔵保存2日

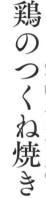

調理のポイント

カンタンPOINT
タレにごぼうのすりおろしを入れると、旨味が格段にアップ

鶏肉の照り焼き

調理時間 20min

【材料（2人分）】
鶏もも肉（観音開きにする）…1枚（300g）
塩…小さじ1/5（少々）
黒こしょう…小さじ1/5（少々）
片栗粉…大さじ2
サラダ油…大さじ2
〈タレ〉
酒…大さじ3
みりん…大さじ2
砂糖…大さじ1
しょうゆ…大さじ2
ごぼう（すりおろす）…1/5本
〈付け合わせ〉
レタス（ちぎる）…1/4玉

【作り方】
〈鶏肉の観音開き〉
❶キッチンペーパーで鶏肉表面の水けを取る。
❷皮面を下にしてまな板に置き、まずは左側の分厚い部分や筋、脂に包丁を入れて平らになるまで切る。a
❸右側は肉を回転させ、❷と同様に行い観音開きにする。b
〈鶏肉の照り焼き〉
❶鶏肉の皮面をフォークで数ヵ所刺し、塩コショウをして5分程おく。c
❷ビニール袋に❶と片栗粉を入れて振り、余分な粉をはたいて落とす。d
❸フライパンに油を引き、鶏肉の皮面を下にして入れ、中火で3分ほど焼き、焼き色をつける。
❹反対面も同様に焼く。
❺フライパンの余分な油をキッチンペーパーでふきとる。e
❻皮面を下に戻して、〈タレ〉材料を入れ、中火弱にして約1分間煮詰める。
❼反対面に返して、煮汁がドロッとするまで煮詰めて完成。f
❽食べやすい大きさに切り、レタスと共に器に盛る。

保存方法 冷ましてから密閉保存容器に入れ、冷蔵保存1日

調理のポイント

a

b

c

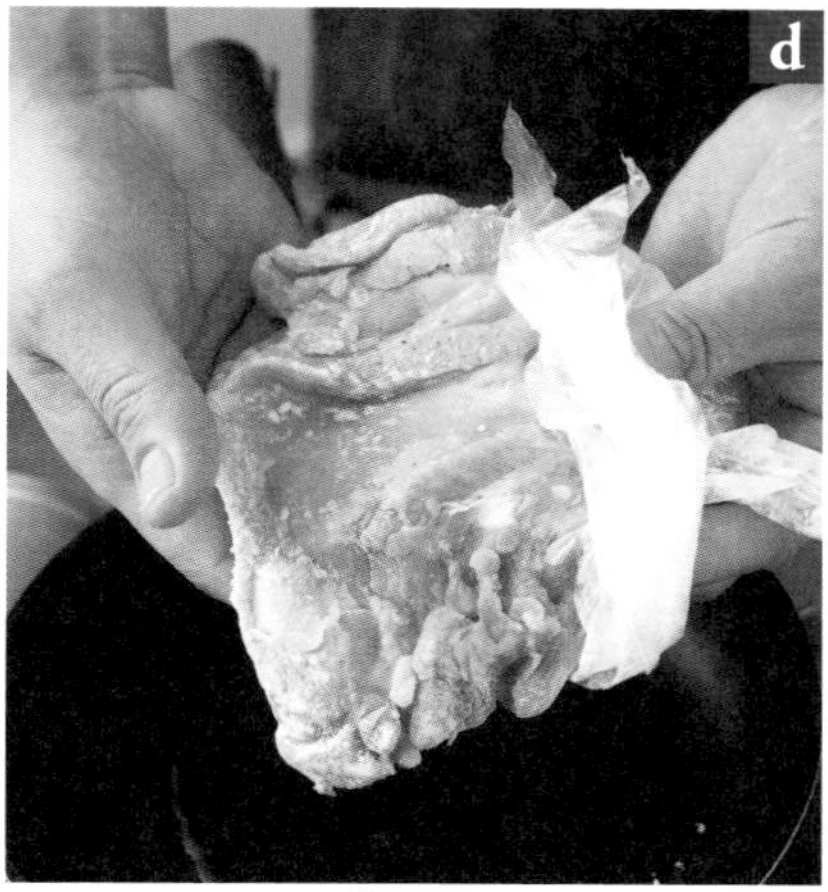
d

e

f

カンタンPOINT パン粉にチーズを混ぜてコク旨に

とんかつ

【材料（2人分）】

豚肩ロース肉（とんかつ用厚切り）…120g×2枚
塩…小さじ½
サラダ油…揚げ鍋に2㎝分
〈バッター液〉
水…大さじ1
小麦粉…大さじ4
卵…1個
黒こしょう…小さじ½
〈衣〉
パン粉…カップ½
粉チーズ…大さじ½
〈付け合わせ〉
せん切りキャベツ…⅛個分
〈お好み〉
ソース…適量
塩…適量

【作り方】

〈せん切りキャベツ〉
❶キャベツをせん切りにして、冷水に1分さらして、ざるで水けを切る。
❷❶に濡らしたキッチンペーパーをかぶせてからラップをかけ、冷蔵庫に入れておく。a

〈とんかつ〉
❶脂身と赤身の間のかたい繊維「筋」を切り、塩をふる。b
❷〈バッター液〉を混ぜ合わせ、❶の豚肉をくぐらせ、混ぜた〈衣〉をつける。c
❸油を鍋に入れて中火で180度に熱し、❷を投入する。30秒間は触らずに放置する。
❹1分後反対面に返す。d
❺2分後バットに取り出し、4分ほど立て掛けたまま余熱で蒸らす。e
❻再び180度に熱した油に入れ、30秒後取り出し、完成。f

〈盛りつけ〉
❶器に〈せん切りキャベツ〉と共に盛り、ソースや塩で食べる。

調理時間 20 min

保存方法 冷蔵保存2日。食べる際はトースターで温めるか、かつ煮にする

調理のポイント

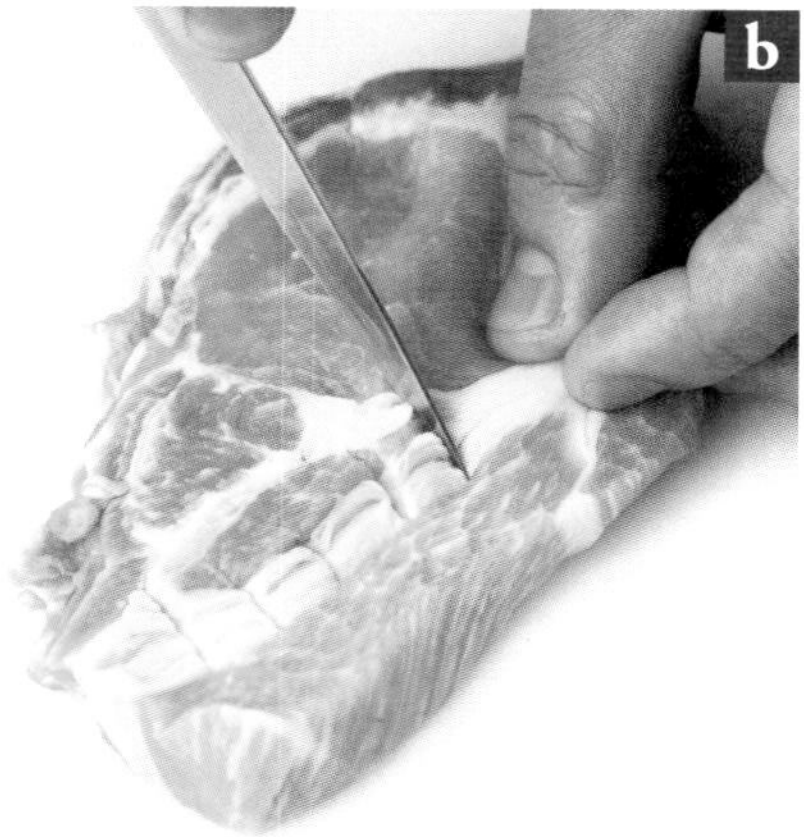

カンタンPOINT

すりおろし玉ねぎとりんごで肉が衝撃のやわらかさに！

豚肉のしょうが焼き

調理時間 20 min

【材料（2人分）】

豚肩ロース薄切り肉…200g
塩…小さじ1/5（少々）
玉ねぎ（すりおろす）…1/4個
玉ねぎ（薄切り）…1/4個
小麦粉…大さじ1
ごま油…大さじ1

A
酒…大さじ2
みりん…大さじ1
しょうゆ…大さじ2
しょうがすりおろし…30g
りんご（すりおろし）…1/4個分
とんかつソース…小さじ1
マーマレード…小さじ1
※入れることでコクが出る

〈付け合わせ〉
せん切りキャベツ…1/8玉分

【作り方】

❶キャベツをせん切りにして、冷水に1分さらして、ざるで水けを切る。キッチンペーパー→ラップの順にかぶせて冷蔵庫に入れておく（上記写真）。

❷ボウルに豚肉、塩、すりおろし玉ねぎを入れて混ぜ、10分置く。※玉ねぎのタンパク質分解酵素が肉をやわらかくする。a

❸❷のすりおろし玉ねぎを器に取り除き、Aに混ぜておく。b

❹豚肉の水けをキッチンペーパーで取る。c

❺小麦粉をまぶして、旨味や水分を閉じ込める。

❻フライパンにごま油を引いて中火で熱し、❺を1分ほど焼き、反対面も同様に焼く。d

❼薄切り玉ねぎと❸をフライパンに入れる。e

❽中火強で、3分ほど汁がドロッとするまで炒めて完成。f

❾せん切りキャベツと共に器に盛る。

保存方法 冷ましてから密閉保存容器に入れ、冷蔵保存1日

調理のポイント

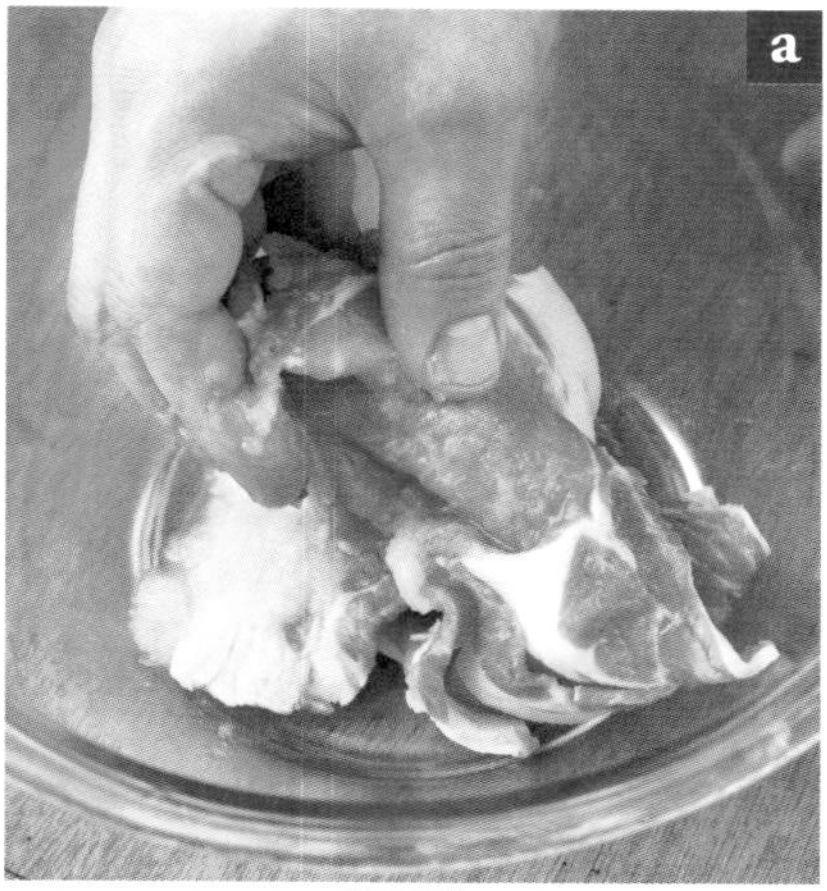

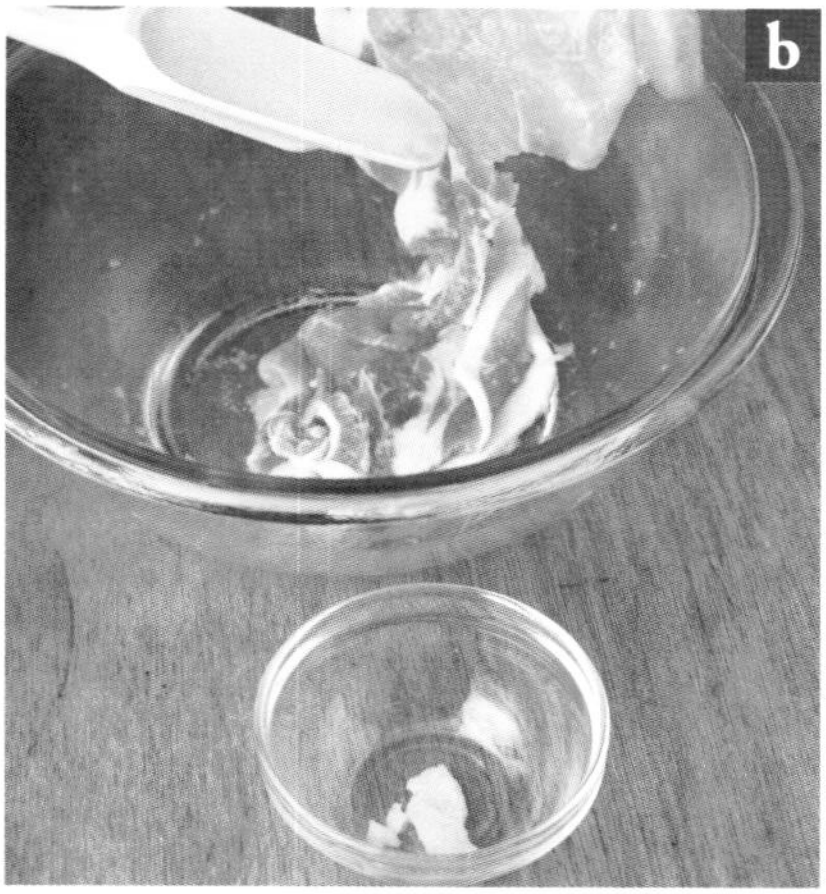

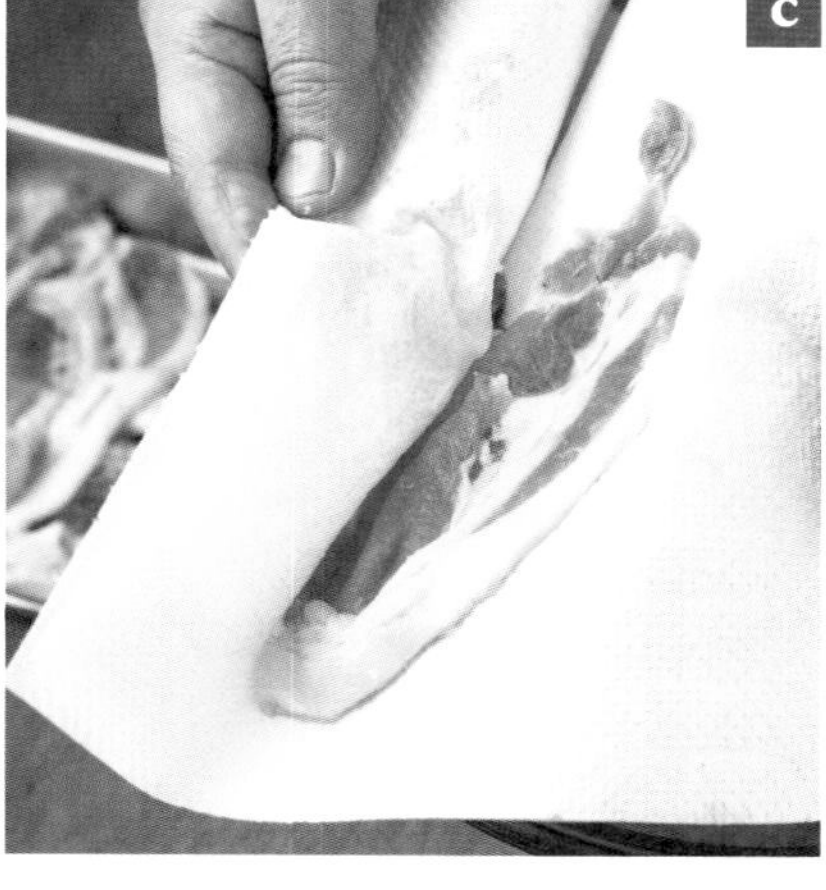

カンタンPOINT
みそ床にきざみしょうがを加えることでコクが出る

豚肉のみそ漬け焼き

作業時間 15 min
※漬け込み時間は含まない

【材料（2人分）】

〈みそ床〉
- 液体塩こうじ…大さじ2
- 西京みそ…大さじ3
- みりん…大さじ2
- きざみしょうが…大さじ1/2

〈好みの肉〉
- とんかつ用豚肉（筋を切り整える）…120g×2枚

※みそ床に対する肉の目安
- 牛ステーキ肉…120g×2枚
- 鶏もも肉（観音開きにする）…1枚（300g）

〈付け合わせ〉
- せん切りキャベツ…1/8玉分

※P.30参照

液体塩こうじ（ハナマルキ）
粒のない液体タイプだから計量しやすく、色々な料理に使える。

【作り方】

〈みそ床〉
❶材料を密閉保存袋に入れ、混ぜ合わせる。a

〈豚肉の筋切り〉
❶脂身と赤身の間のかたい繊維「筋」を切る。b
❷キッチンペーパーで水けを取る。

〈漬ける〉
❶肉を〈みそ床〉に入れ、最低8時間以上漬ける。c

〈焼く〉
❶みそをキッチンペーパーでふき取る。d
❷フライパンの大きさにクッキングシートをカットして敷く。e
❸肉をのせ、中火弱で蓋をして5分程焼き色がつくまで焼く。
❹反対面に返して、蓋をして3分程焼く。f

〈盛りつけ〉
❶豚肉をせん切りキャベツと共に器に盛る。

保存方法 みそ床に漬けたまま…冷蔵保存2日以内、冷凍保存1ヵ月

※みそに漬けたまま冷凍すると、みその浸透が止まり、塩っぱくならない。冷蔵で2日以上は塩っぱくなる。

調理のポイント

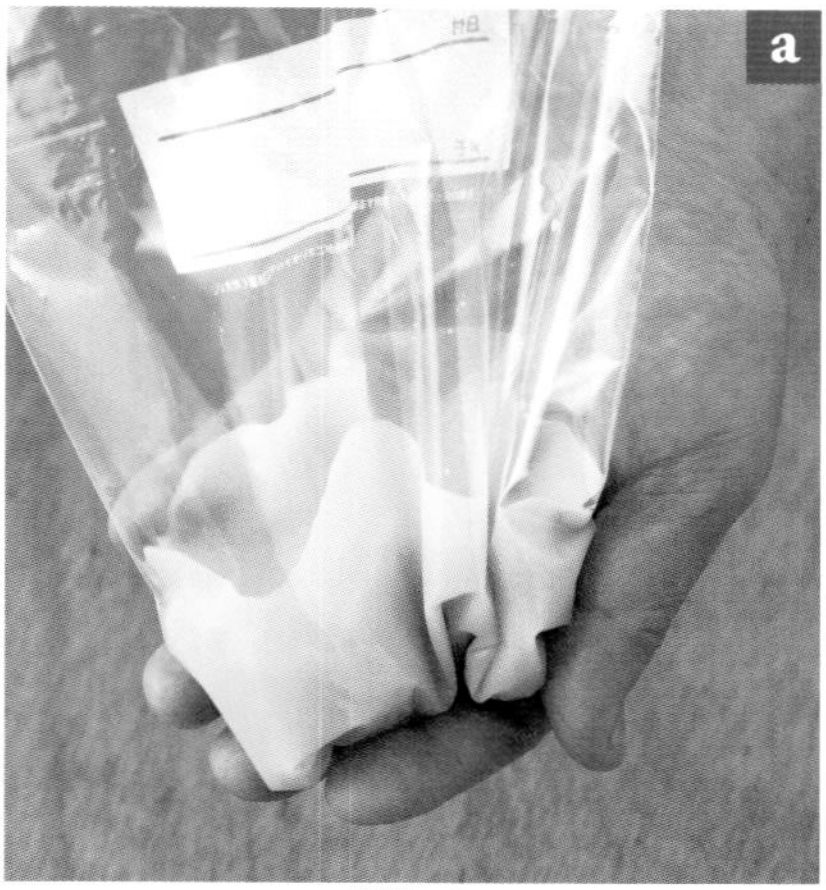
a

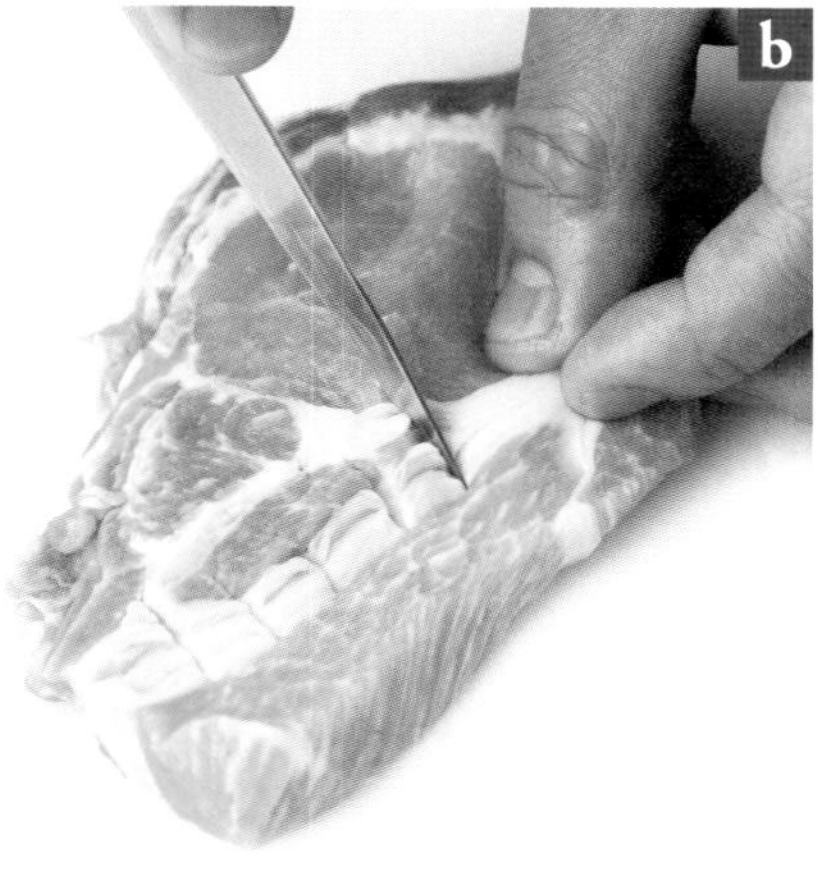
b

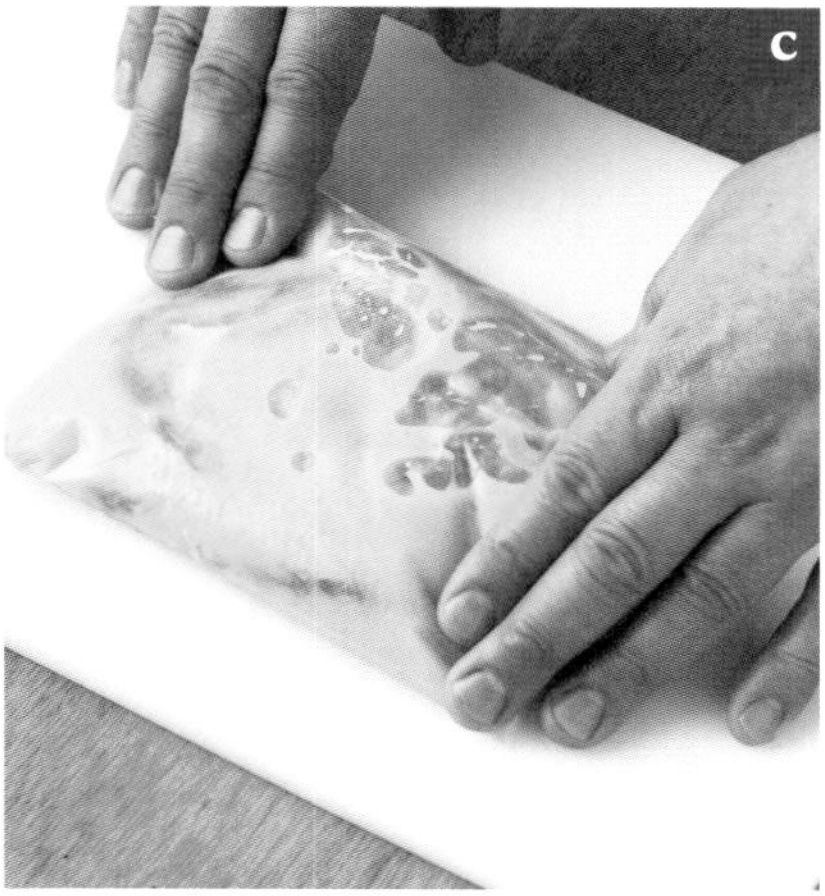
c

d

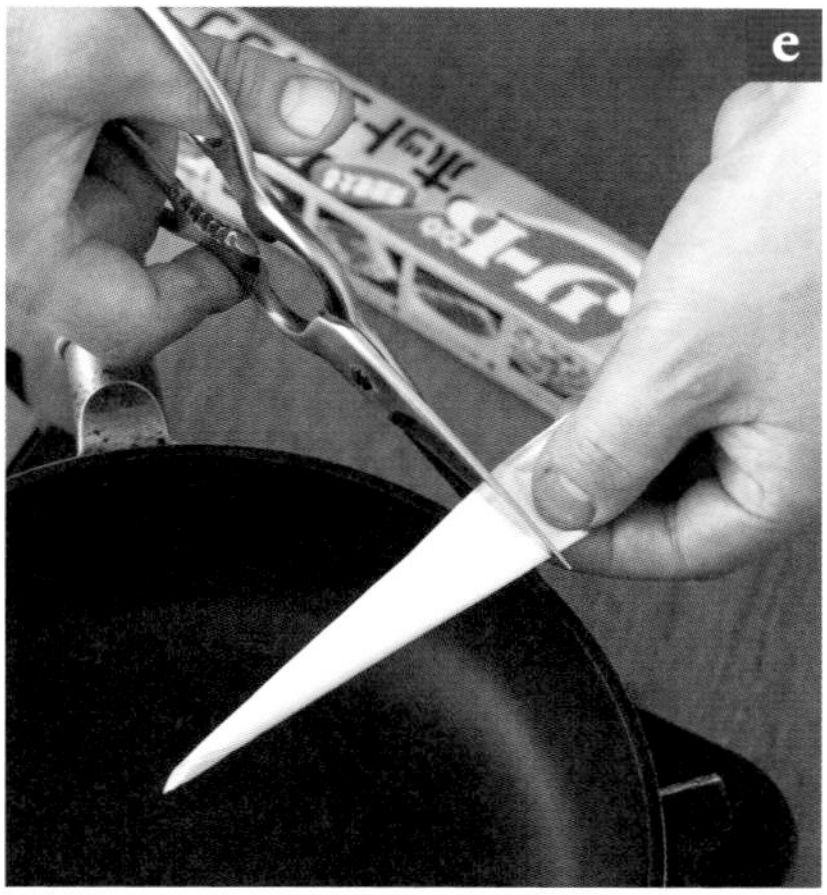
e

f

カンタンPOINT
みそとマヨネーズでコク出し！

和風ハンバーグ

調理時間 30min

【材料（2人分）】

合いびき肉（牛7豚3）…300g
※脂が溶けないように冷蔵庫で冷やしておく
塩…小さじ⅓
こしょう…小さじ¼
サラダ油…大さじ1
〈付け合わせ〉
大根おろし…大さじ4
大葉（せん切り）…5枚分

A
生玉ねぎ（みじん切り）…¼個
マヨネーズ…大さじ3
みそ…小さじ2
おろしにんにく…小さじ½
焼き麩（袋に入れ棒でたたき粉末状にする）…15g

B
ポン酢…大さじ4
みりん…大さじ1
バター…10g

【作り方】

❶〈付け合わせ〉用の大根をおろし、軽く絞って水分を取る。大葉をせん切りし、軽く洗ってキッチンペーパーで水けを取る。それぞれラップをかけて冷蔵庫に入れておく。
❷ボウルに肉、塩、こしょうを入れ、粘りけが出るまですりこぎ棒で、5分練る。a
❸❷にAを加えて練る。b
❹4等分にして、小判型に成型して真ん中をくぼませる。c
❺フライパンに油を引いて中火で熱し、くぼみを下にして❹を入れ、中火強で40秒焼き→蓋をして弱火で4分焼く。
❻反対面に返して、中火強で40秒焼き→蓋をして弱火で2分焼く。d
❼フライパンからバットに取り出し、肉汁を落ち着けるため、アルミホイルをかぶせる。e
❽フライパンを再び中火で熱してBを入れ、バターが溶けたら❼を戻し入れて絡める。f
❾❽を器に盛り、タレを掛け、大根おろし、大葉をのせる。

保存方法 冷ましてから密閉保存容器に入れ、冷蔵保存1日

調理のポイント

カンタンPOINT

塩昆布を一緒に入れて炊くと味のバランスが絶妙に

豚ばら大根

調理時間 15 min

【材料(2人分)】

豚ばら薄切肉(6㎝長さに切る)…150g

大根(3㎜厚いちょう切り)…300g

ごま油…大さじ1

A
- 水…150㎖
- 酒…大さじ2
- めんつゆ(4倍濃縮タイプ)…大さじ2

B
- しょうが(細切り)…1かけ(20g)
- 塩昆布…10g弱
- 七味唐辛子…小さじ1/8

【作り方】

❶フライパンにごま油を引き、中火で熱し、豚肉に軽く焼き色がつくまで焼く。a

❷大根を入れて3分ほど炒め、Aを入れる。b

❸蓋をして、7〜8分中火で炊く。

❹蓋を取り、Bを入れて1分炒めて完成。c

a

b

c

保存方法 冷ましてから密閉保存容器に入れ、冷蔵保存2日

カンタンPOINT 「しょうゆ＋にんにく」の王道味にポン酢を加えて

鶏手羽先の甘酢唐揚げ

調理時間 20 min

【材料（2人分）】

手羽先…8本
片栗粉…大さじ1
サラダ油…200㎖
A
- ポン酢…大さじ5
- 砂糖…大さじ2
- 酒…大さじ1
- おろしにんにく…小さじ½
- 煎りごま…小さじ1
- 黒こしょう…小さじ¼

【作り方】

❶手羽先を常温に戻して、数ヵ所フォークで刺し、キッチンペーパーで水けを取り、片栗粉をまぶす。a

❷フライパンに油を入れて170℃に熱し、手羽先を4分揚げる。b

❸バットに上げ、油が切れるように立てかける。

❹❷のフライパンの油を油入れに移してから、Aを入れて中火で加熱する。

❺砂糖が溶けたら、❸の手羽先を入れて絡める。c

a

b

c

保存方法 冷ましてから密閉保存容器に入れ、冷蔵保存2日

カンタンPOINT
白玉粉を使うともちもち衣になって、胸肉がやわらかくなる

鶏肉の揚げ焼きねぎソース

調理時間 20 min

【材料（2人分）】

鶏むね肉…1枚（300g）
酒…大さじ2
しょうゆ…大さじ½
〈衣〉
白玉粉…大さじ3
水…大さじ1
サラダ油（揚げ用）…揚げ鍋に2㎝分
きざみしょうが…大さじ1
長ねぎ（みじん切り）…½本
貝割大根（ざく切り）…½パック
A
メンマ（みじん切り）…20g
かつおぶしパック…½袋
ごま油…大さじ½
ポン酢…大さじ4
砂糖…大さじ½

a

b

【作り方】

❶鶏肉を縦半分に切り、2㎝厚さのにそぎ切りにする。a
❷❶に酒、しょうゆをもみ込み、5分置く。
❸〈衣〉材料を練り、❷の鶏にもみこむ。b
❹フライパンに油を2㎝ほど入れて中火で170度に熱する。
❺こんがり色づくまで両面5〜6分揚げ焼きにする。
❻バットに立てかけて置き、油を切る。
❼ボウルにAを混ぜ合わせる。
❽❻を器に盛り、❼をかける。

保存方法 冷ましてから密閉保存容器に入れ、冷蔵保存2日

カンタンPOINT
ごま油と昆布茶を揉みダレに入れて味に深みをプラス

鶏みそ唐揚げ

調理時間 25min

【材料（2人分）】

鶏もも肉…1枚（300g）
サラダ油（揚げ用）…揚げ鍋に2㎝分

〈ゆでもやし〉
もやし…½袋
塩…小さじ¼
酢…小さじ1

〈タレ〉
みそ…大さじ1と½
酒…大さじ2
昆布茶…小さじ½
おろししょうが…小さじ½
おろしにんにく…小さじ½
ごま油……大さじ1

〈衣〉
小麦粉……大さじ2
片栗粉……大さじ2

a

【作り方】

〈ゆでもやし〉
❶鍋にたっぷりの熱湯を用意し、塩、酢、もやしを入れ、強火で30秒～1分ゆでる。
❷ザルにあげて水けを切り、そのまま冷ます。a

〈唐揚げ〉
❶鶏肉を一口大に切ってポリ袋に入れ、〈タレ〉を揉み込み10分おく。
❷キッチンペーパーで❶の水けを取る。
❸ポリ袋に〈衣〉材料を入れ、❷を入れて振り混ぜる。
❹フライパンに油を2㎝ほど入れて中火で170度に熱する。
❺❹を入れ、3～4分揚げ焼きにする。
❻バットに取り出し、3～4分立てかけて休ませる。
❼再度2～3分揚げ焼きして完成。
❽器に〈ゆでもやし〉→唐揚げの順に盛る。

保存方法 冷ましてから密閉保存容器に入れ、冷蔵保存2日

カンタンPOINT
仕上げにみそを少し入れると濃厚な美味さに

ブリ大根

作業時間 30 min
※大根の冷凍時間は含まない

【材料（2人分）】
- 大根…2cm厚輪切り4個
- ブリ（切り身）…2切れ（300g）
- 小麦粉…大さじ1と½
- ごま油…大さじ1
- みそ…小さじ1
- A 酒…大さじ3
- A 砂糖…大さじ2
- A しょうゆ…大さじ2と½
- しょうが（せん切り）…1かけ（20g）

【作り方】

冷凍しておく食材

❶大根を2cm厚さの輪切りにして、皮をむく。
❷キッチンペーパーで水けを取り、ラップでくるみフリーザバッグに入れて冷凍する（P.97参照）。

調理スタート

❶ブリ1枚を4等分に切り、水けをキッチンペーパーで取る。a
❷ブリに小麦粉をはたいて、旨味や水分を閉じ込める。b
❸フライパンにごま油を引いて、中火で熱し、❷を両面3〜4分こんがりと焼いて、皿に取り出しておく。c
❹フライパンに冷凍大根を入れて、水（250㎖）とAを入れ、蓋をして大根に味が染みるまで中火で20分ほど煮る。d
❺❸のブリを入れ、蓋をして中火で5分炊く。e
※途中アクが出たらお玉で取り除く。
❻別容器にみそを入れ、煮汁を少し取り分けて❺の鍋に入れて混ぜる。
❼みそを溶かし入れ、さらに5分煮汁をかけながら中火で炊く。f
❽せん切りしょうがを入れ30秒炊く。

保存方法 冷ましてから密閉保存容器に入れ、冷蔵保存3日

調理のポイント

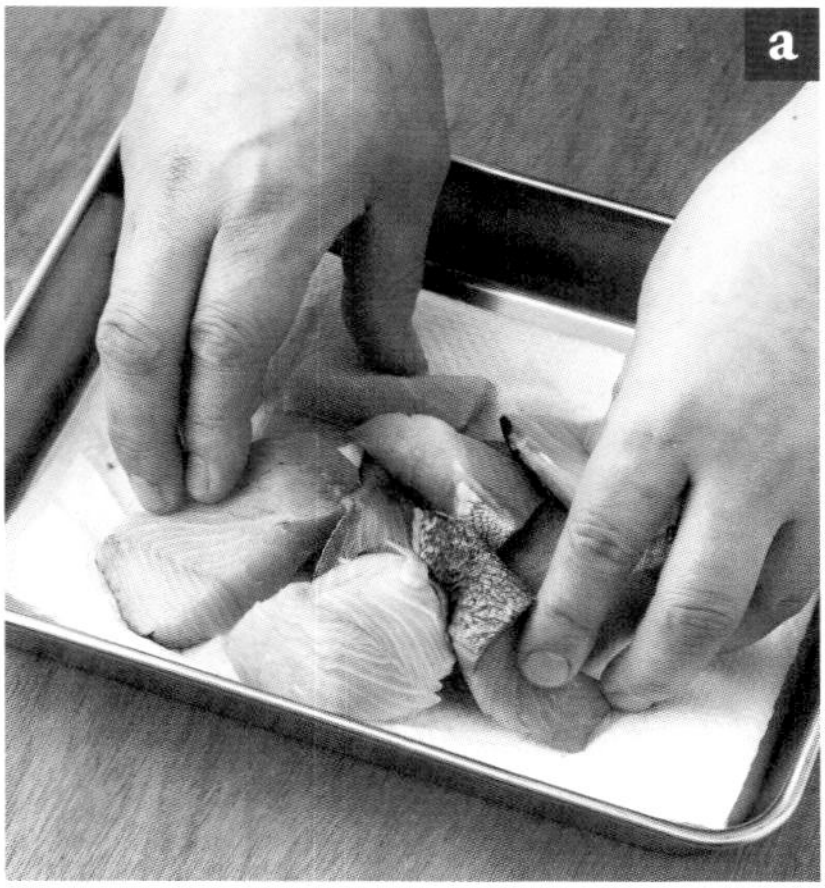

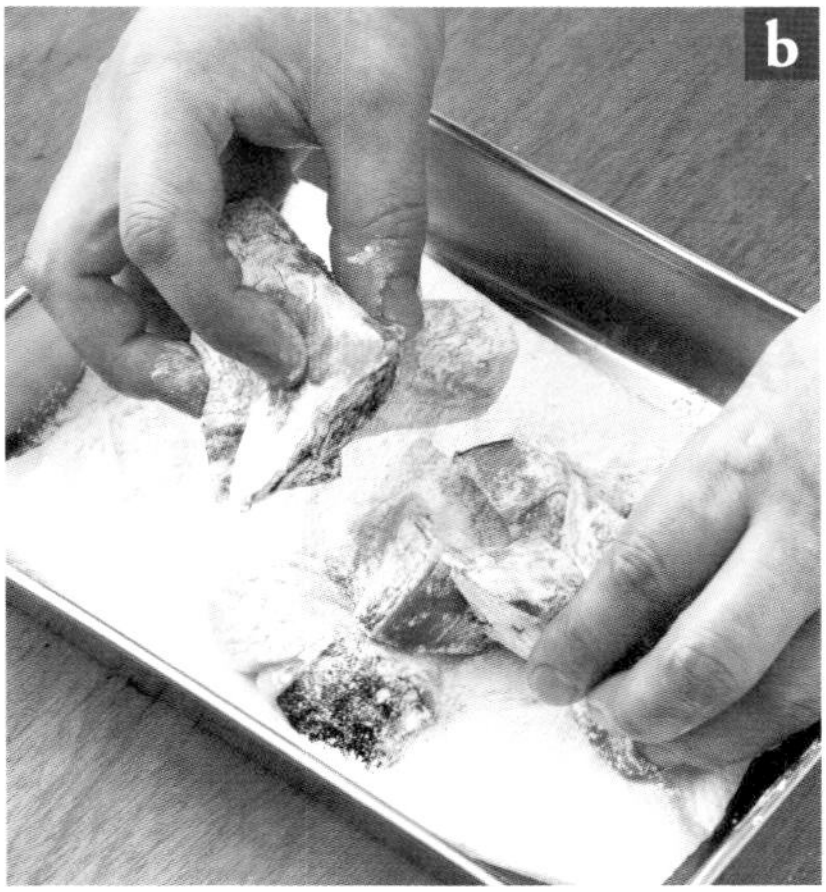

カンタンPOINT
チーズをはさんで漬け込むと、濃厚で本格割烹の味わいに

サワラの西京焼き

作業時間 35min
※漬け込み時間は含まない

【材料（2人分）】

サワラ（切り身）…80g×2枚
とろけるスライスチーズ…1枚
塩…小さじ¼
ピーマン（小）…2個

味噌床は各自で選択を

〈即席・西京漬けみそ床〉
白みそ・みりん（各大さじ2）、酒（大さじ1）、一味唐辛子（小さじ⅛）

〈基本・西京漬けみそ床〉
白みそ（200g）、砂糖（60g）、酒（50㎖）、一味唐辛子（小さじ¼）

多めに作って保存する場合は、〈基本・西京漬けみそ床〉に魚を漬ける。魚が出ないようにみそでおおっておく。

【作り方】

❶サワラに塩をふり、10分置く。キッチンペーパーでしみ出てきた水けを取る。a

❷包丁でサワラを観音開きにし、チーズ（½枚）をはさんで元の姿にたたむ。b

❸密閉保存袋に〈即席・西京漬けみそ床〉材料を入れて混ぜ、❷を15〜30分漬け込む。c

※〈即席のみそ床〉はそれ以上漬けると味が濃くなりすぎるので注意。

※〈基本のみそ床〉は一晩以上漬ける。

❹魚のみそを軽くふき取る。

❺クッキングシートをフライパンに敷く（P.35参照）。魚は皮面を下にして入れ、ピーマンは丸ごと入れ、弱火で蓋をして蒸し焼きにする。d

❻4〜5分経って、6割程度焼けたら反対側に返し、蓋をして中火で1分ほど焼く。e

❼火を止め、余熱で3分ほど火を入れ、器に盛る。f

保存方法 基本のみそ床は、漬けたまま冷凍保存で1か月以内。冷蔵庫で自然解凍後、調理する。

郵便はがき

料金受取人払郵便

小石川局承認

1043

差出有効期間
2022年6月27日まで

切手をはらずに
お出しください

112-8731

東京都文京区音羽二丁目
十二番二十一号

講談社エディトリアル　行

ご住所	□□□-□□□□		
(フリガナ) お名前		男・女	歳
ご職業	1.会社員　2.会社役員　3.公務員　4.商工自営　5.飲食業　6.農林漁業　7.教職員　8.学生　9.自由業　10.主婦　11.その他（　）		
お買い上げの書店名	市区町　書店		
今後、講談社より各種ご案内などをお送りしてもよろしいでしょうか。送付をご承諾いただける方は○をおつけください。	承諾する		

TY 000015-2004

愛読者カード

今後の出版企画の参考にいたしたく、ご記入のうえご投函くださいますようお願いいたします。

本のタイトルをお書きください。

a 本書をどこでお知りになりましたか。

1．新聞広告（朝、読、毎、日経、産経、他）　2．書店で実物を見て
3．雑誌（雑誌名　）　4．人にすすめられて
5．書評（媒体名　）　6．Web
7．その他（　）

b 本書をご購入いただいた動機をお聞かせください。

c 本書についてのご意見・ご感想をお聞かせください。

d 今後の書籍の出版で、どのような企画をお望みでしょうか。興味のあるテーマや著者についてお聞かせください。

ご協力ありがとうございました。

調理のポイント

a

b

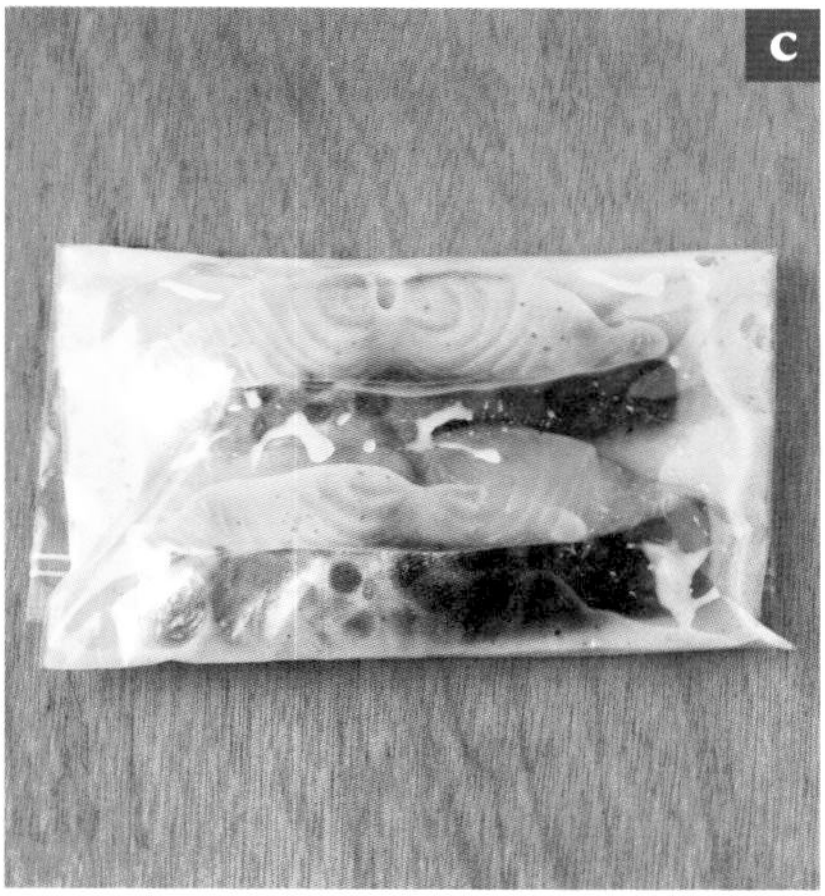
c

d

e

f

カンタンPOINT 衣にすり胡麻や一味を混ぜることで、旨みがアップ

アジの南蛮漬け

調理時間 20 min

【材料（2人分）】

アジ（3枚おろし）…200g（2尾分）
玉ねぎ（薄切り）…½個
きゅうり…½本
A ┌小麦粉…大さじ1と½
　 │煎りごま…小さじ2
　 └一味唐辛子（七味）…小さじ⅛
サラダ油…大さじ5
〈タレ〉
┌めんつゆ（4倍濃縮タイプ）
│　…大さじ3
│水…120㎖
└酢…大さじ2
きざみしょうが…小さじ2

【作り方】

❶切った玉ねぎをさっと水にさらし、キッチンペーパーで水けを取る。
❷きゅうりは棒でたたいてから、3等分ほどに切る。a
❸アジの水けをキッチンペーパーで取ってから一口大に切り、Aをしっかりまぶす。b
❹フライパンに油を入れて中火で熱し、温まったら皮面から❸を入れる。c
❺きつね色になるまで2分ほど揚げ焼きにする。
❻反対面に返して、1分揚げ焼きにする。d
❼キッチンペーパーを敷いたバットに立てかけて油を切る。e
❽器に玉ねぎ→アジ→きゅうりの順に交互に盛る。f
❾熱々に温めた〈タレ〉に、きざみしょうがを加えて❽にかける。

〈食べ方〉
そのままでも美味しいが、漬けたまま冷蔵庫で冷やして、汁が馴染んでから食べても美味しい。

きざみしょうが（桃屋）
辛味と爽やかな香りが特徴の黄生姜を使用し、シャキシャキとした食感が特長。

保存方法 冷ましてから密閉保存容器に入れ、冷蔵保存3日

調理のポイント

カンタンPOINT　サバを両面焼いて、隠し味にバターを入れてコク旨に

サバのみそ煮

調理時間 20 min

【材料（2人分）】

生サバ（切り身）…2切れ（200g）
ごま油…大さじ1

A
- 水…150ml
- 酒…50ml
- みりん…大さじ2と½
- 砂糖…大さじ2
- みそ…大さじ2
- しょうゆ…大さじ½

ピーマン（半分にして種を取り、縦¼切り）…2個

B
- 木綿豆腐（半分に切る）…⅓丁
- しょうが（スライス）…1かけ（20g）
- バター…10g

【作り方】

1. サバを水で洗い、ヌメリや汚れを取る。キッチンペーパーで水けを取る。a
2. 皮に浅く切り込みを入れ、火を通りやすくする。b
3. フライパンにごま油を引いて中火で熱し、2を皮面から入れ、焼き色をつける。
4. 反対面に返し、身側をサッと焼いて火を止める。
5. フライパンに出た油をキッチンペーパーでふき取る。
6. Aをよく混ぜあわせ、5に入れ、落し蓋をして中火にする。
7. 沸騰してから5分炊き、Bを入れる。
8. 更に5分、煮汁をサバに掛けながら炊いて完成。

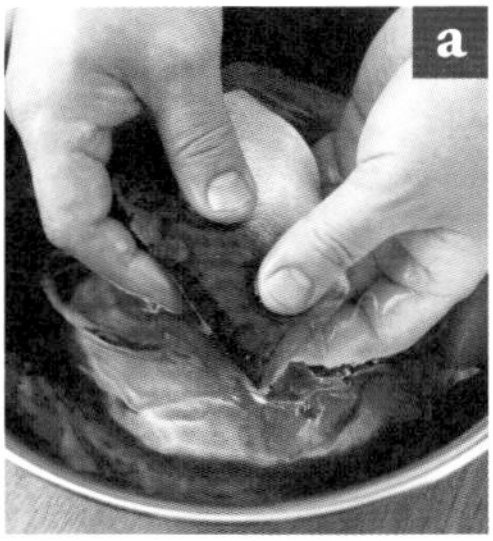
a

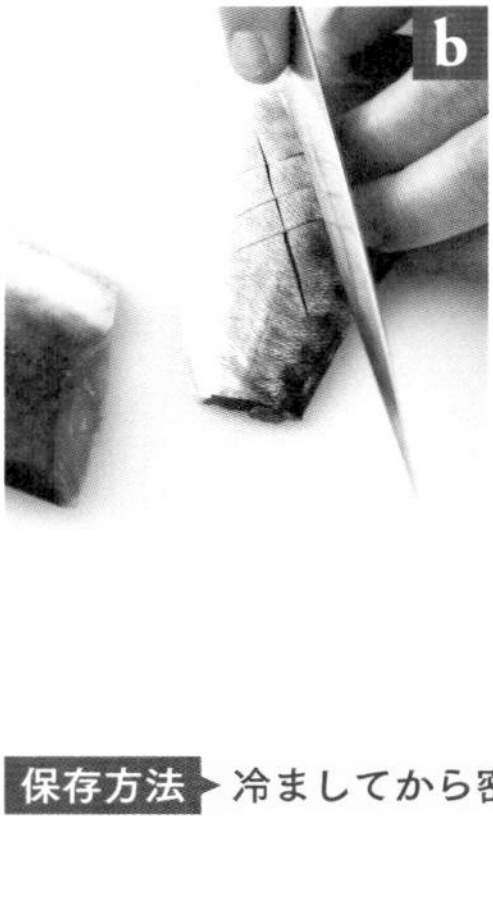
b

保存方法　冷ましてから密閉保存容器に入れ、冷蔵保存3日

カンタンPOINT
塩で魚の余分な水けを抜くと、魚の身がキュッとしまって旨味がアップ！

サバの塩焼き

調理時間
30
min

【材料（2人分）】
生サバ（切り身）…2切れ（200g）
酒…大さじ1
塩…小さじ$\frac{1}{3}$
〈付け合わせ〉
A ┌大根おろし…大さじ2
　└きざみしょうが…小さじ2
レモン…$\frac{1}{8}$切り×2個

【作り方】
❶サバの皮目に浅く切り込みを入れ、バットに乗せて酒を振って10分置く。a
❷キッチンペーパーで酒をふき取り、塩を両面にまんべんなくふり、10分置く。b
❸魚焼きグリルを強火で2分予熱する。中火に落として皮面を上にして、5分焼く。
❹少しきつね色になったら（焼き色が足りない場合はあと、1分ほど追加）反対面に返して4～5分焼く。
❺最後に皮面を上にしてもう1分ほど焼き、皮がパリッとなったら器に盛る。c
❻Aを和え、レモンと共に添える。

a

b

c

保存方法 冷蔵保存3日　※食べる際は酒を振りかけて温めるとパサつきが和らぐ。

カンタンPOINT
隠し味に柑橘系ジュースを使うのは和食の手法

サンマの蒲焼き

調理時間
20 min

【材料（2人分）】
サンマ（3枚おろし）…2尾分
小麦粉…大さじ1
ごま油…大さじ2
〈仕上げ〉
煎りごま…小さじ1
貝割大根（ざく切り）…1/3パック

A
酒…大さじ1と1/2
オレンジジュース（果汁100％）…大さじ1
砂糖…大さじ1
しょうゆ…大さじ1と1/2
水…大さじ1

【作り方】
❶サンマを片身三等分にし、水けをキッチンペーパーで取り、両面に小麦粉をまぶし、旨味や水分を閉じ込める。a
❷フライパンにごま油を引き、中火で熱し、サンマの皮面から2分ほど焼き、焼き色をつける。
❸反対面に返して身側も1分ほど焼き、焼き色をつける。b
❹❸のフライパンにAを入れ、中火で1分ほど煮詰める。
❺弱火にして、粘り気がある気泡が出るまで2分ほど煮詰めて完成。c
❻器に盛り、煎りごまを振って、貝割大根を乗せる。

a

b

c

保存方法 冷ましてから密閉保存容器に入れ、冷蔵保存3日

料理の味わいをまろやかにする黄身おろしを添えて

ブリの照り焼き

調理時間
20
min

【材料（2人分）】

ブリ（切り身）…2切れ（200g）
しょうゆ…小さじ2
長ねぎ（4等分に切る）…1/3本
しし唐…4本
小麦粉…大さじ1弱
ごま油…大さじ1
〈お好み〉
粉山椒…小さじ1/8少々
A
酒…大さじ2
水…大さじ1
みりん…大さじ1と1/2
砂糖…大さじ1
しょうゆ…大さじ1と1/2
〈黄身おろし〉
大根おろし…大さじ4
卵黄…1個

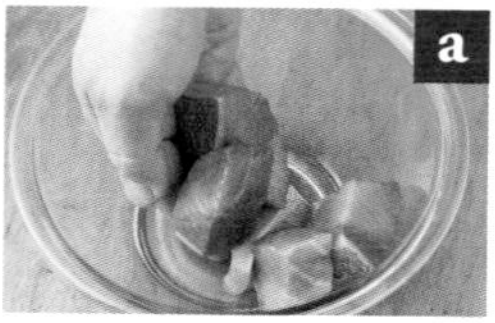
a

b

【作り方】

❶ブリ1枚を3等分に切り、しょうゆで洗い、10分置く。a
❷水けをキッチンペーパーで取り、小麦粉をつける。
❸フライパンにごま油を引き、中火で熱し、❷、長ねぎ、しし唐を入れて焼く。
❹3分したら反対面に返して1分ほど焼き、両面きつね色にする。野菜はいったん取り出す。
❺余分な油をキッチンペーパーでふき取り、Aを入れて中火で煮詰める。
❻野菜を戻し入れ、スプーンで煮汁をかけながら照りが出るまで約3分煮詰める。b
※具材を端に寄せ、煮汁のみを熱すると、水分が飛んで照りがでやすい。
❼器に盛り、〈黄身おろし〉の材料を混ぜ合わせて添え、お好みで粉山椒をふる。

保存方法 冷ましてから密閉保存容器に入れ、冷蔵保存2日

カンタンPOINT 昆布の旨味と風味が香る料亭のような味わい

タイの昆布締め

【材料（2人分）】

タイ（刺身）…150g
昆布…10×20㎝2枚（平らになっているものが良い）
酒…大さじ1
塩…小さじ1/5（少々）
※平らな昆布がない場合は、酢水（水100㎖＋酢大さじ1）に漬けて戻す。

〈お好み〉
わさび…適量
しょうゆ…適量
柑橘…適量
わさび…適量

【作り方】

❶キッチンペーパーに酒を含ませ、昆布を拭いてしめらせる。a
❷タイの刺身に、塩を振り、身が崩れないように和え、キッチンペーパーで水けを取る。
❸❶の昆布に❷を並べ、もう一枚の昆布で挟む。b
❹ラップでしっかり包み、20分〜ひと晩置く。c
❺昆布から外して完成。
❻お好みで、わさびじょうゆや、柑橘を絞りわさびで食べる。

作業時間 30 min
※昆布締め時間は含まない

保存方法 昆布からはずして皿にのせてラップで包み、冷蔵保存3日

カンタンPOINT タイの昆布締めは梅酢で食べるのが一番のおすすめ

タイの昆布締め梅きゅうり酢掛け

作業時間 30 min

※昆布締め時間は含まない

【材料（2人分）】

タイの昆布締め…150g分

※P.52参照

きゅうり（すりおろし、かるく絞る）…1/2本

梅干し（種を取り荒くたたく）…1個（20g）

A［酢…小さじ1
 砂糖…小さじ1

きざみしょうが…小さじ1/4

【作り方】

1. きゅうりをすりおろす。a
2. 1をキッチンペーパーで包み、軽くしぼる。
3. 梅干しの種を取り除き、包丁で粗くたたく。b
4. ボウルに2、3、Aを合わせる。c
5. 器に盛ったタイの昆布締めの上に4をかけ、しょうがをのせる。

a

b

c

保存方法 材料すべてを和えて密閉保存容器に入れ、冷蔵保存1日

カンタンPOINT 均一な黄色にするコツは、漉《こ》し器でこすひと手間を

卵焼き（甘い味）

調理時間 10 min

【材料（2人分）】

卵（Mサイズ）…3個
サラダ油…適量
A
- 牛乳…大さじ1
- 砂糖…大さじ1
- しょうゆ…小さじ1と½

【作り方】

❶ボウルに卵を割り入れ、箸で白身を切るようにしっかり混ぜ、Aを加えて混ぜ、ザルで漉す。 a

❷卵焼き器に油（小さじ1）を入れて中火で熱し、キッチンペーパーで余分な油を取る。 b

❸卵液を⅓量流し入れ、膨らんだ場所を箸で潰す。 c

❹周りが固まってきたら3等分に折り畳む。 d

❺❷〜❹の作業を繰り返す。 e

❻両面に焼き色をつけて完成。 f

❼切り分けて器に盛る。

〈アレンジ提案〉

明太チーズ卵焼き

調理時間 10 min

材料（2人分）

卵（Mサイズ）…3個
サラダ油…適量
貝割大根（1㎝長さざく切り）…パック⅓
A
- 牛乳…大さじ1
- 砂糖…小さじ2
- しょうゆ…小さじ1

B
- クリームチーズ（小分けの物）…2個30g
- 明太子…½腹

作り方

❶卵を白身を切るようにしっかり混ぜ、Aを加えて混ぜ、ザルで漉す。
❷クリームチーズを三等分に切り分けて、明太子は皮を取る。
❸卵焼き器に油（小さじ1）を入れ、中火で熱し卵液を⅓量入れ、Bを上から5㎝部分に並べて巻く。繰り返し2〜3回に分け卵液を入れて巻く
❹両面に焼き色をつけて完成。切り分けて器に盛り、貝割を散らす。

保存方法 冷ましてから密閉保存容器に入れ、冷蔵保存1日

調理のポイント

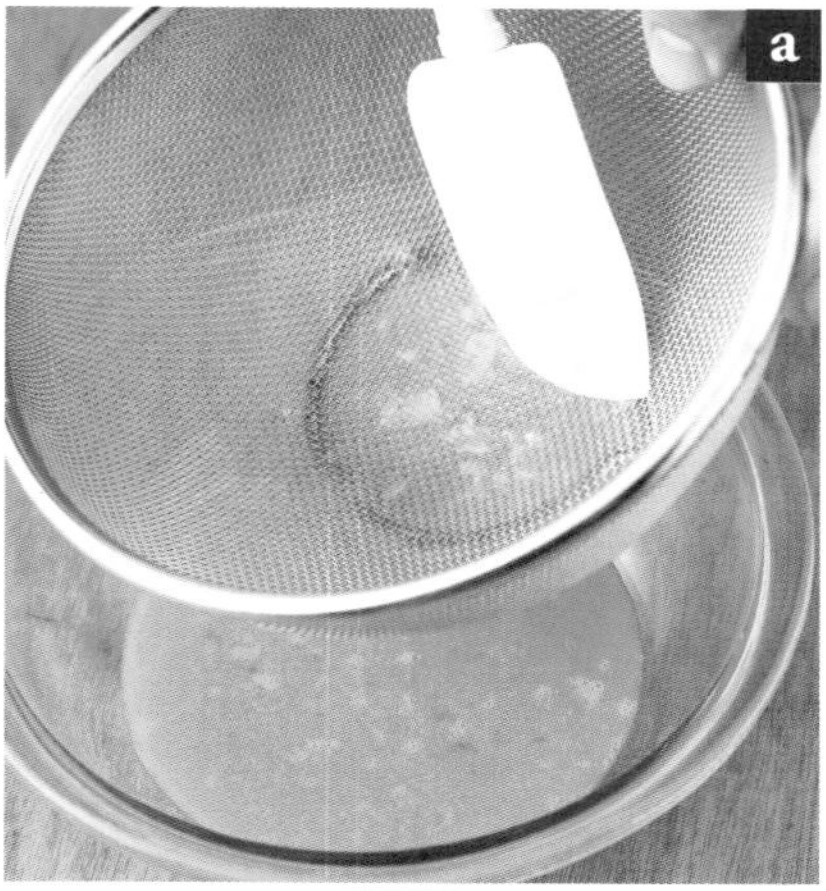
a

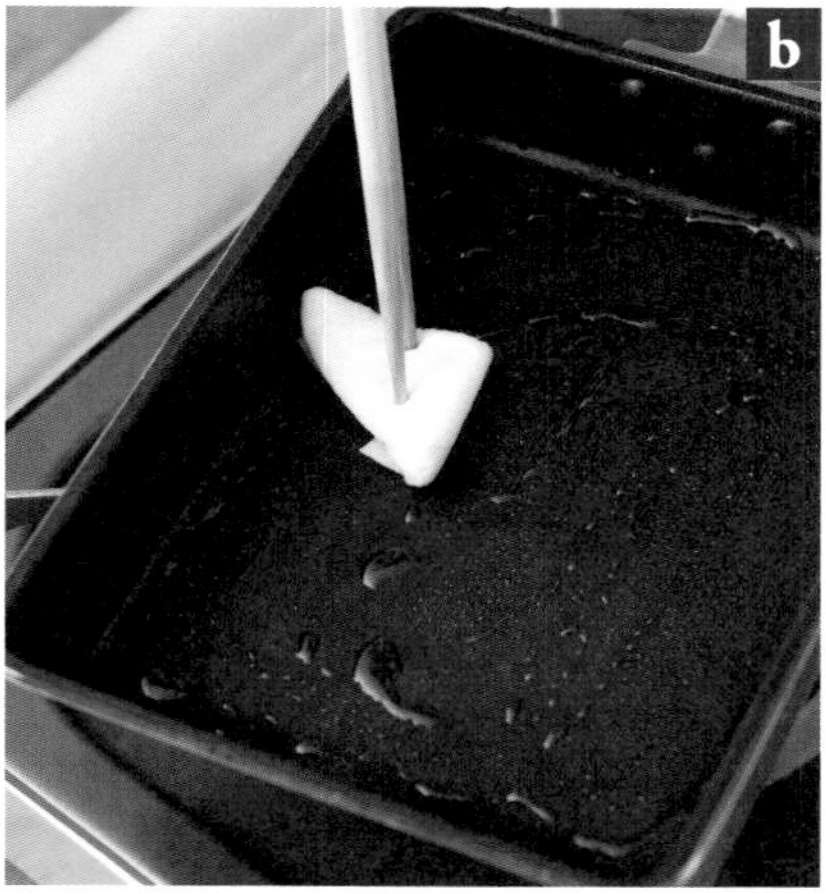
b

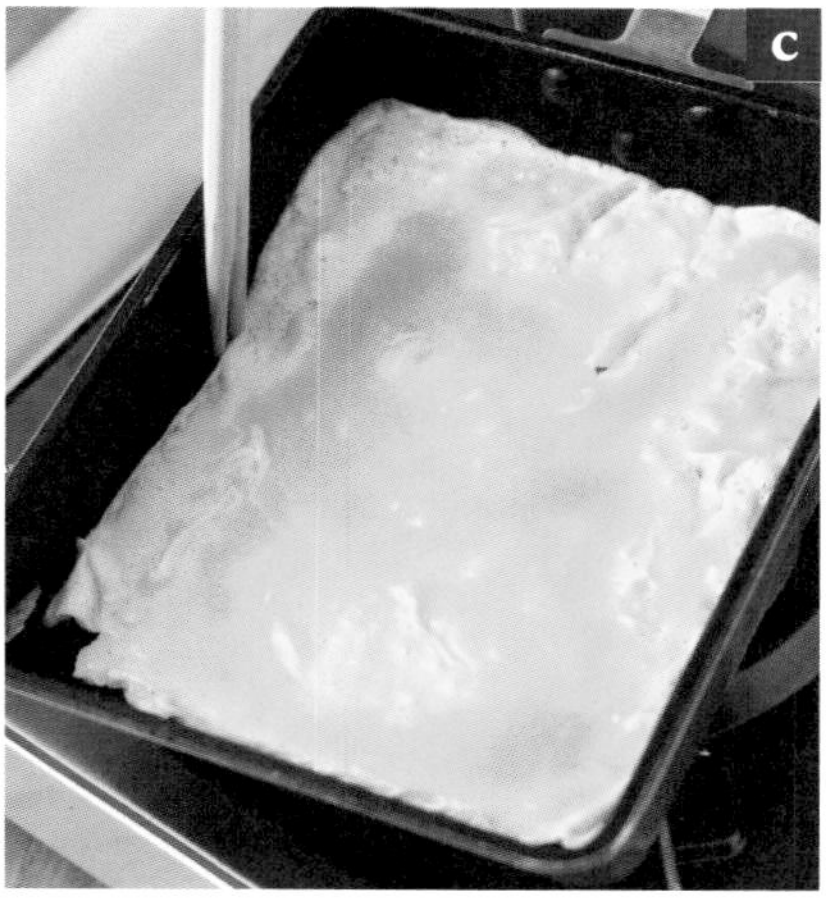
c

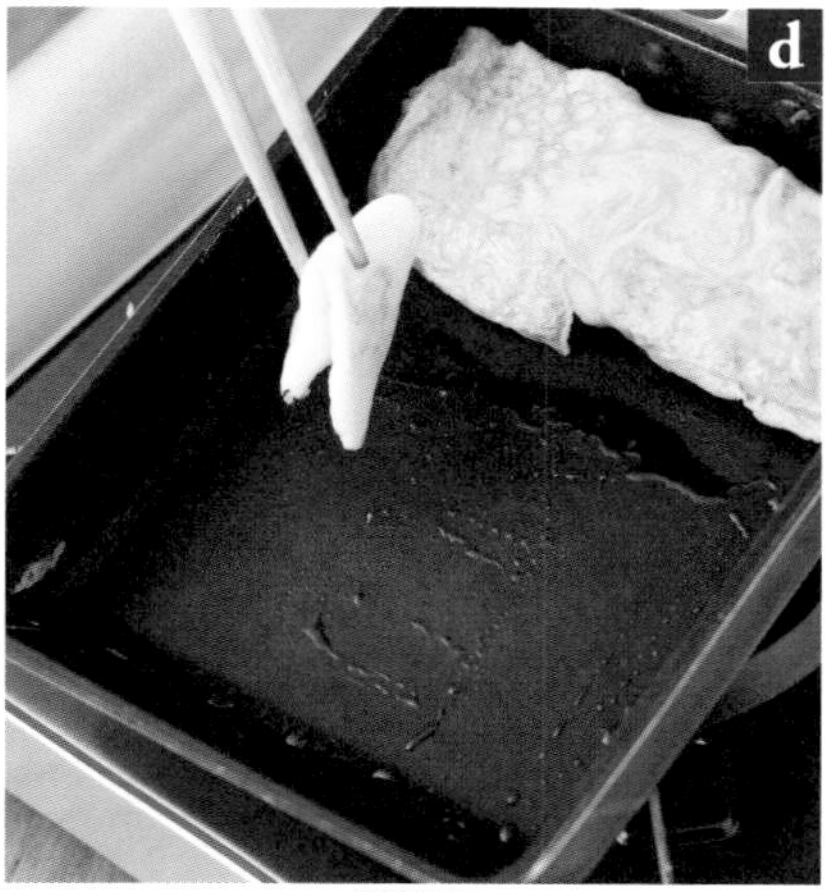
d

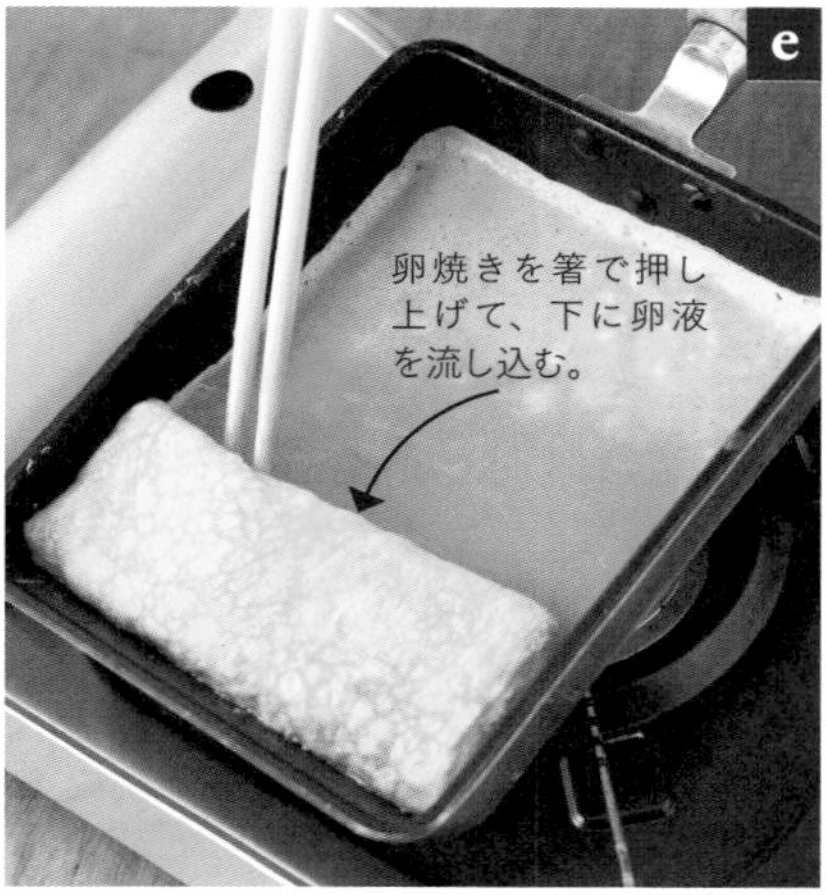
e
卵焼きを箸で押し上げて、下に卵液を流し込む。

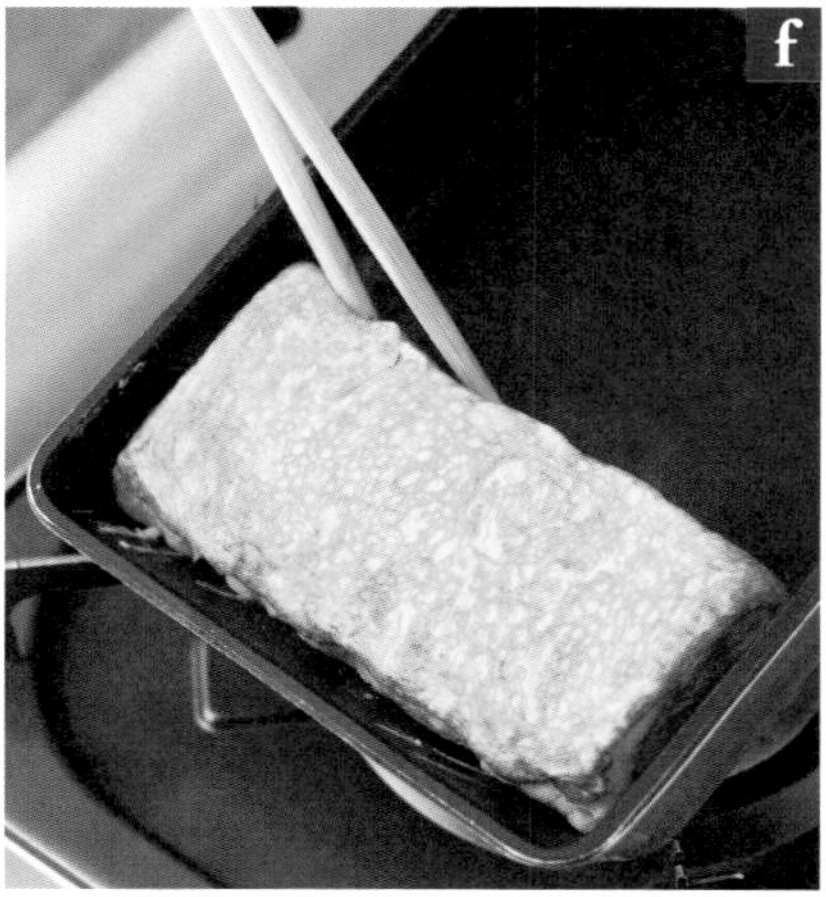
f

カンタンPOINT
卵液に水溶き片栗粉を入れるのがコツ

だし巻き卵

調理時間 10 min

【材料（2人分）】
卵（Mサイズ）…3個
サラダ油…適量
大根おろし（軽く絞る）…大さじ4
しょうゆ…お好みで
A
水…90mℓ
めんつゆ（4倍濃縮）…大さじ½
酒…小さじ1
片栗粉…小さじ1

【作り方】
❶Aを混ぜ合わせる。※初心者は片栗粉を入れると破れにくくなる。a
❷ボウルに卵を割り入れ、箸で白身を切るようにしっかり混ぜ、❶を加えて混ぜ、ザルで漉す。b
❸卵焼き器に油（小さじ1）を引き、中火で熱し、余分な油をキッチンペーパーでふき取る。
❹卵液を¼量流し入れ、箸で巻いて芯を作る。c
❺空いた部分に油を塗り、押し上げた卵焼きの下にも卵液を行き渡らせ、¼量流し入れ、押し上げた卵焼きの下にも卵液を行き渡らせる。この作業を繰り返す。d
❻卵が巻きあがったら、巻きすに包んで形を整える。e
❼30秒以上待って切り分ける f。
❽器に盛り、大根おろしを添える。お好みで大根おろしにしょうゆをふる。

〈アレンジ提案〉
イクラとねぎのだし巻き卵

調理時間 10 min

材料（2人分）
＋α〈具材〉
塩イクラ…大さじ2
万能ねぎ…大さじ2

作り方
『だし巻き卵』の作り方❷の後に、＋α〈具材〉を加えて混ぜるだけ。
※その他の作り方はすべて『だし巻き卵』と同じ。

保存方法 冷ましてから密閉保存容器に入れ、冷蔵保存1日
※だしが出ると固くなるので、めんつゆ（大さじ½）と水（大さじ2）を振っておくと、中のジューシーさが保てる。

調理のポイント

a

b

c

d

e

f

カンタンPOINT

黄金比は「卵1：だし3」。
電子レンジの場合は「卵1：だし2・5」

茶わん蒸し

調理時間 20min

【材料（2人分）】

卵（Lサイズ）…1個 ※殻なしで60g
だし汁…180ml ※P.6参照
※電子レンジで作る場合は、だし汁は150mlにする。
塩…小さじ$\frac{1}{4}$

〈具材〉
鶏もも肉（2cm角に切る）…20g
しょうゆ…小さじ$\frac{1}{2}$
かまぼこ…5mm厚2枚
生しいたけ（4等分薄切り）…1個
三つ葉の茎（2cm長さに切る）…1～2本
三つ葉の葉…2枚

〈電子レンジで作る場合〉

Point1 鶏肉と、しいたけを耐熱容器に入れ、ラップをかけて600Wの電子レンジで3分ほど加熱し、鶏肉に火を通す。

Point2 かまぼこ、三ッ葉の茎も耐熱容器に入れ、漉した卵液を注ぐ。

Point3 ふんわりラップをして600Wの電子レンジで1分30秒加熱し、その後10秒ずつ固まるまでこまめに加熱して様子を見る。

【作り方】

❶ボウルに卵を割り、箸で白身を切るようにしっかり混ぜ、だし汁と塩を入れて混ぜる。a
❷❶をざるで漉す。b
❸鶏肉にしょうゆをもみ込む。c
❹耐熱容器に〈具材〉を入れ、❷を注いでアルミホイルを被せる。d
❺鍋にふきんを敷き、❹をのせる。器の$\frac{1}{3}$～半分まで水を注ぎ、蓋をして中火にかける。煮立ったら、2分程加熱する。e
❻弱火にし、蓋の間に菜箸を挟む。12分程加熱して火を止める。f
❼彩りに三つ葉の葉をのせる。

保存方法 冷ましてからラップをして、冷蔵保存1日

調理のポイント

a

b

c

d

e

f

カンタンPOINT 具をすべてあんに入れて、失敗知らず！

あんかけ茶わん蒸し

調理時間 20 min

【材料（2人分）】

卵（Lサイズ）…1個 ※殻なしで60g
だし汁…180㎖ ※P.6参照
※水180㎖に、顆粒だしかつお・こんぶを1/3包ずつでもOK
塩…小さじ1/4
とろけるスライスチーズ
…1枚（2等分にする）

〈あん〉
カニカマ…1本（半分に切りほぐす）
なめ茸…大さじ1
水…100㎖
水溶き片栗粉…小さじ1〜2
※片栗粉1：水2の割合
三つ葉…1〜2本（2㎝に切る）

【作り方】

〈茶わん蒸し〉
❶卵を割り、箸で泡立たないように溶き、だし汁と塩を入れて混ぜ合わせ、ザルで漉す。
❷耐熱容器にチーズと❶を入れ、アルミホイルを被せる。
❸フライパンにふきんを敷き、❷をのせる。器の1/3〜半分まで水を注ぎ、蓋をして中火にかける。煮立ったら、2分程加熱する。
❹弱火にし、蓋の間に菜箸を挟む。12分程加熱して火を止める。

〈あん〉
❶カニカマ、なめ茸、水、水溶き片栗粉を小鍋に入れ、中火で熱して火を入れる。
❷とろみがついたら三つ葉を入れて混ぜ、火を止める。a
❸蒸しあがった茶わん蒸しにかける。

保存方法 出来立てが美味しい

カンタンPOINT 漬けダレに柚子コショウを入れると香りとピリ辛がクセになる

半熟煮卵

作業時間 10 min
※漬け込み時間は含まない

【材料（2人分）】

卵（Mサイズ）…4個
水…鍋に入れ卵がつかる分量
酢…大さじ½
塩…小さじ1
A
めんつゆ（4倍濃縮タイプ）…大さじ2
水…100㎖
酢…大さじ2
柚子胡椒…小さじ½

【作り方】

❶卵の底に針（または穴あけ器）で穴を開ける。a

❷鍋に❶、水、酢、塩を入れて強火で沸騰させる。

❸沸騰したら中火に落とし、箸で30秒ほど混ぜると黄身が真ん中に行く。b

❹1分したら火を止め、蓋をして6分そのまま置く。

❺湯を捨てて、卵を氷水で冷やし、殻をむく。

❻密閉保存袋にAを入れ、卵を一晩漬ける（6時間以上）。c

❼そのままで食べてもいいし、お好みで塩昆布や万能ねぎ（小口切り）をのせてもおいしい。

a

b

c

保存方法 ▶ 汁に漬け込んだまま密閉保存容器に入れ、冷蔵庫保存5日

カンタンPOINT
だしにおかかを入れてコクと旨味をアップ

揚げ出し豆腐

調理時間 20min

【材料（2人分）】
木綿豆腐（四角く8等分）…1丁
塩…小さじ½
サラダ油…揚げ鍋に2cm分

〈衣〉
片栗粉…大さじ1
小麦粉…大さじ1

〈つゆ〉
だし汁…100ml ※P6参照
しょうゆ…25ml
みりん…15ml
酒…10ml
かつおぶし…大さじ1
大根おろし…大さじ2

〈仕上げ〉
のり（細かくちぎる）…2枚（8切りサイズ）
A
おろししょうが…小さじ1
三つ葉（2cm長さに切る）…3本

【作り方】
〈豆腐の水切り〉
❶豆腐の両面に塩をふり、10分置く。a
❷水けをキッチンペーパーで取る。b

〈つゆ〉
❶〈つゆ〉の材料を鍋に入れ、中火で沸騰しないように2分ほど温め、火を止めて保温しておく。

〈揚げる〉
❶〈衣〉材料を合わせ、水切りした豆腐にまんべんなくつける。c
❷揚げ鍋に2cm深さ程度に油を入れ、中火で160~170度に熱する。
❸❶を入れて1分半ほど揚げる。d
❹反対面に返して衣がカリっとするまで揚げる。
❺バットにあげて油を切る。e

〈盛りつけ〉
❶豆腐を器に盛り、熱々の〈つゆ〉をかけて、Aを盛る。f

保存方法 冷ましてから密閉保存容器に入れ、汁に浸したまま冷蔵保存1日

調理のポイント

a

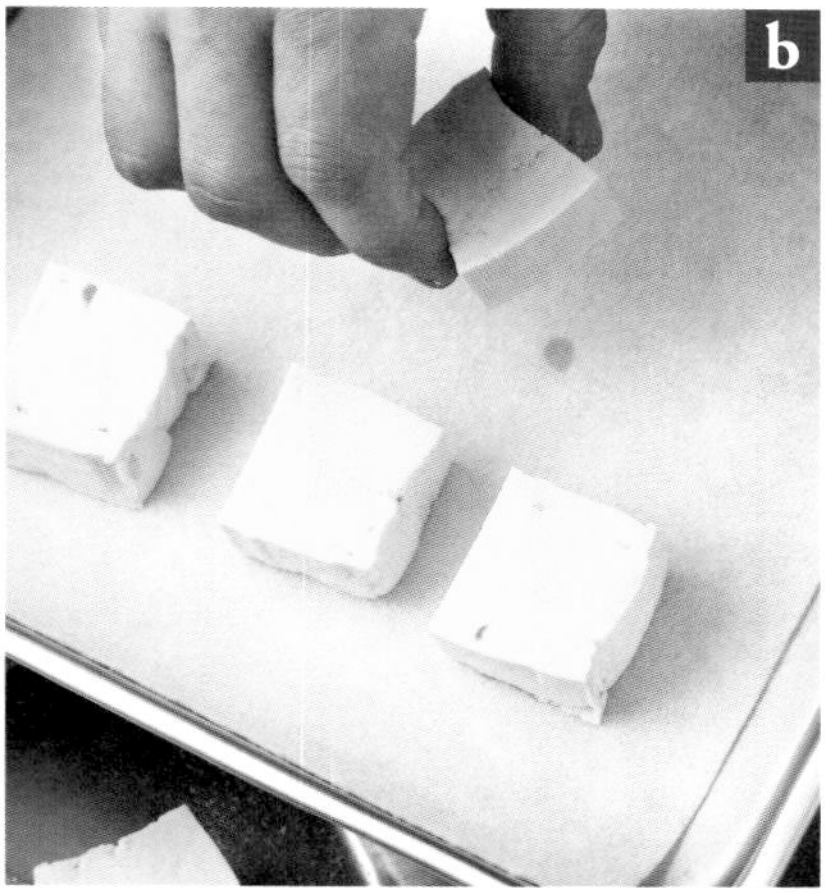
b

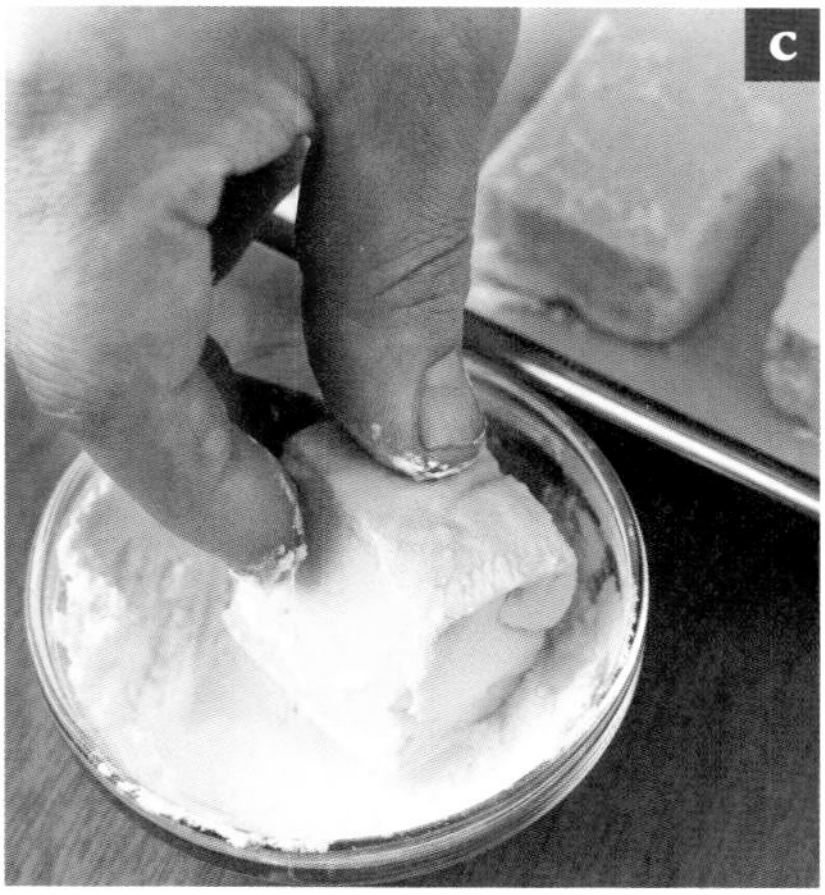
c

d

e

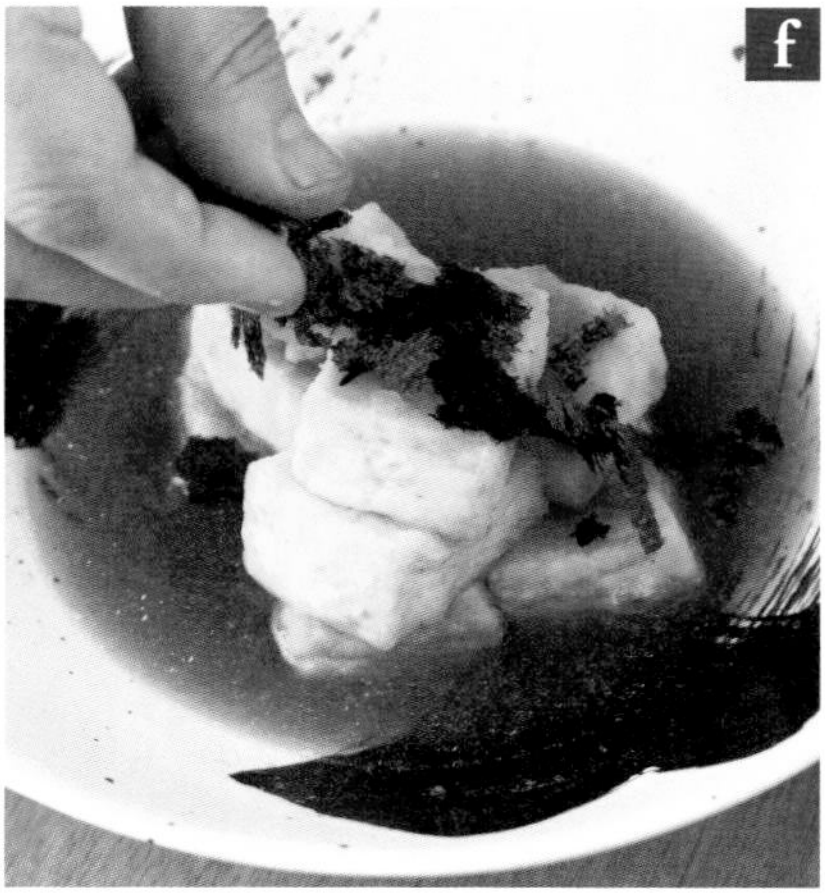
f

カンタンPOINT
肉に下味をつけると、肉がジューシーに

肉豆腐

【材料(2人分)】

牛こま切れ肉…200g
めんつゆ(4倍濃縮タイプ)
…大さじ½
木綿豆腐…1丁(四角く6等分)
長ねぎ(斜め薄切り)…1本分
A
水…200mℓ
めんつゆ(4倍濃縮タイプ)…50mℓ
砂糖…大さじ1

〈仕上げ〉
揚げ玉…大さじ1
万能ねぎ…4本(寸切り)
温泉卵…2個

【作り方】

❶ボウルに牛肉を入れ、めんつゆを揉みこむ。a
❷鍋に、豆腐、長ねぎ、Aを入れて火にかけ、沸騰したら中火に落とし、3分煮込む。
❸上下を返して2分煮たら❶を加えて5分煮る。b
❹アクが出たらお玉で取る。

〈盛りつけ〉
❶器に盛り、揚げ玉と万能ねぎ、温泉卵を盛る。

調理時間 20 min

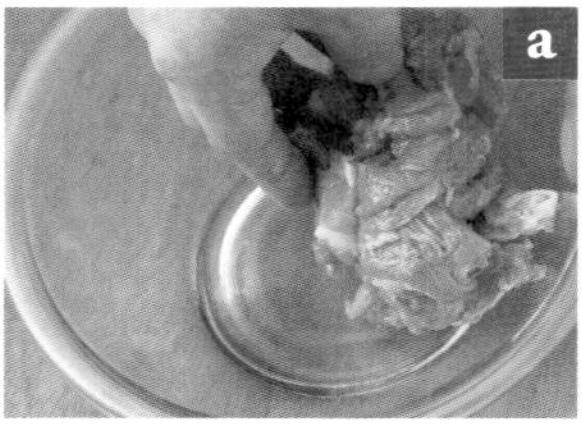
a

b

〈温泉卵の作り方〉
❶常温に戻した卵を500mℓの熱湯に入れ、ラップをして15分置く。
❷❶を氷水に入れて冷ます。

保存方法 冷ましてから密閉保存容器に入れ、冷蔵保存3日

カンタンPOINT
豆腐に塩をかけて水抜きすると、途中で水分が出てこない

ごちそう冷や奴3種

調理時間 15 min

【材料（2人分）】
絹ごし…豆腐1丁
塩…小さじ½

タレはお好みで選びます

タレ①〈サンマ缶ごま和え〉
- サンマの蒲焼缶詰…1缶
- きゅうり…½本
- 練りごま…大さじ1
- 水…大さじ1

タレ②〈トマトと甘酢しょうが〉
- トマト中玉（1cm角切り）…1個
- 甘酢しょうが（ザク切り）…30g
- みょうが（小口切り）…1個
- しょうゆ…小さじ1
- 酢…小さじ2

タレ③〈シラス明太子たれ〉
- シラス…大さじ2
- 明太子（ほぐす）…大さじ2杯分
- サラダピーマン（半分に切って、細切り）…1個
- めんつゆ（4倍濃縮）…小さじ2

【作り方】
〈豆腐の水切り〉
❶豆腐の両面に塩を振る。
❷キッチンペーパーでくるんで重石をして15分ほど水切りする。a

タレ①〈サンマ缶ごま和え〉
❶きゅうりを縦半分に切り、種を取り除き、包丁でたたく。
❷練りごまと水をよく混ぜ、ペースト状にする。
❸サンマ缶をざっくりほぐし、❶、❷を混ぜ、豆腐にかける。

タレ②、③
❶材料を混ぜ、豆腐にかける。

保存方法 できたてを食べる

シラス明太子たれ　トマトと甘酢しょうが　サンマ缶ごま和え

イワシの大葉焼き

イワシのつみれ汁

カンタンPOINT イワシの旨味が引き立ったふんわり上品な味わい

イワシのつみれ汁

調理時間 30 min

【材料（2人分）】

イワシ3枚おろし（粗みじん切り）…3尾分（上身で200g程）
はんぺん…50g（約1/2袋）
みそ…小さじ2
長ねぎ…1/4本

A
小麦粉…小さじ2
おろしにんにく…5㎜
きざみしょうが…小さじ2
れんこん（粗みじん）…50g

だし汁…500㎖ ※P.6参照

B
塩…小さじ1/3
酒…大さじ1
しょうゆ…小さじ1/2

【作り方】

〈イワシのつみれ〉

❶はんぺんをまな板にのせて、端から包丁の腹でつぶす。a

❷イワシを粗いみじん切りにする。b

❸❶、❷を5㎜角程度になるよう、包丁で叩く。c

❹ボウルに❸とみそを入れ、粘りけが出るまでゴムベラで練り合わせる。d

❺❹にAを入れ、さらにゴムベラで練り合わせる。

〈白髪ねぎ〉

❶長ねぎを適当な長さに切って、繊維にそって縦に切り込みを入れ、真ん中の黄緑色の芯を取り除く。

❷繊維にそってせん切りにして、水にさらす。e

〈つみれ汁〉

❶鍋にBを入れて中火にかけ、〈イワシのつみれ〉の塊を手でにぎり、親指と人差し指の間から絞り出すようにしてスプーンですくい、丸めて鍋に入れる。f

❷弱火にして、つみれが浮いたら完成。器に盛り、〈白髪ねぎ〉をのせる。

保存方法 冷ましてから密閉保存容器に入れ、冷蔵保存1日

調理のポイント

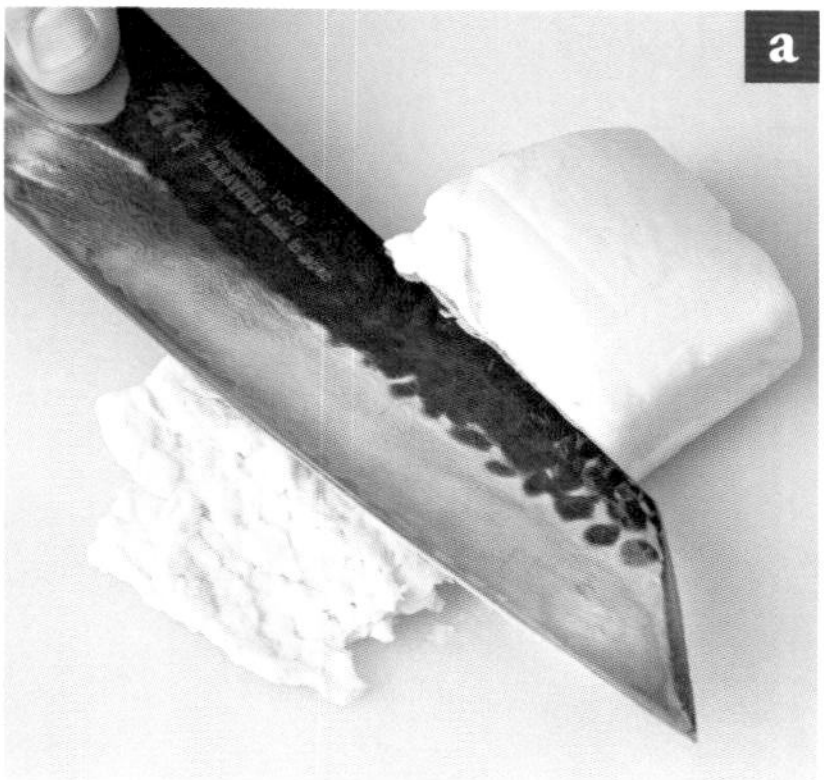
a

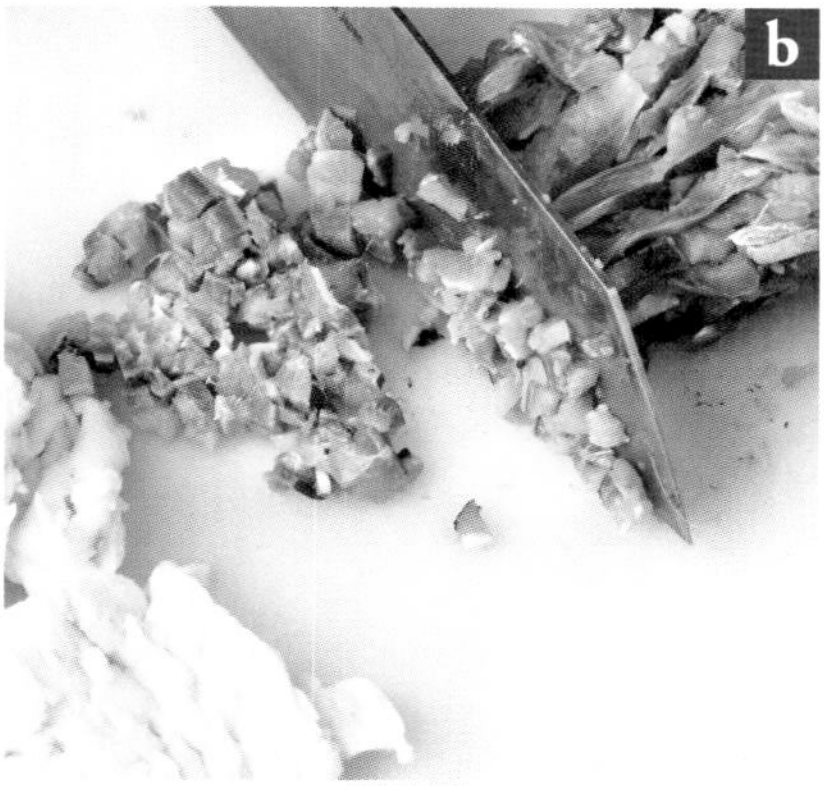
b

c

d

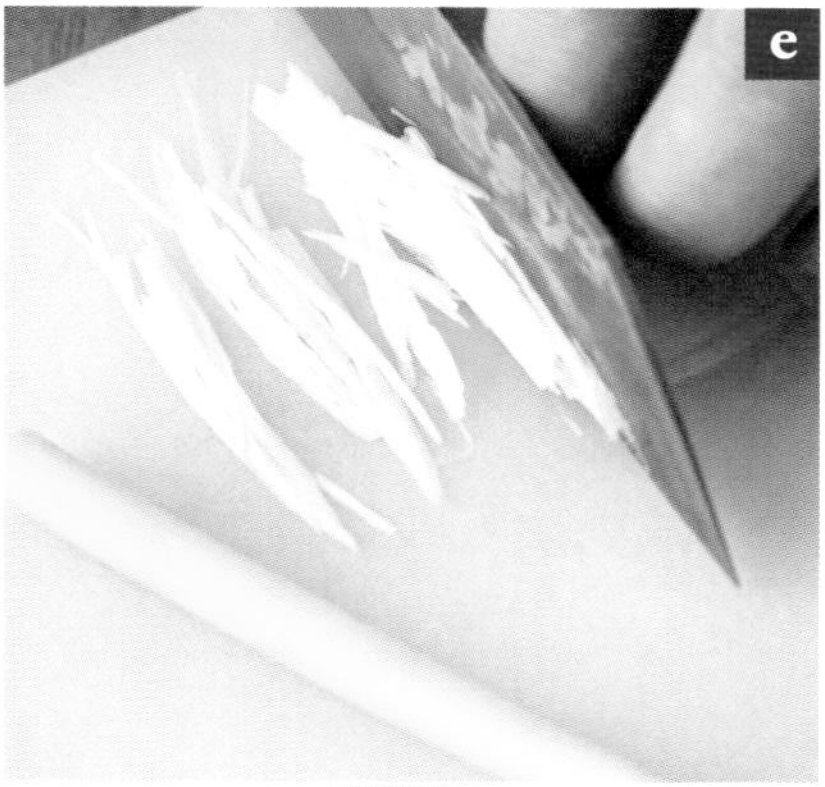
e

f

〈アレンジ提案〉イワシの大葉焼き

材料と作り方

❶〈イワシのつみれ〉を作る。
❷大葉（5～6枚）にヘラで❶をうすく塗りつける。
❸小麦粉を薄くはたいて、油を引いたフライパンで焼く。
❹しょうがじょうゆをつけて食べる。

カンタンPOINT

弱火でゆっくり加熱して旨味を出すのがコツ

ハマグリのお吸い物

調理時間 15 min

【材料（2人分）】

ハマグリ…4個
水…400㎖
昆布…10g（5㎝角1枚）
酒…大さじ1
しょうゆ…小さじ1弱
乾燥わかめ…小さじ1

〈仕上げ〉

ぶぶあられ…適量
三つ葉（寸切り）…3本

【作り方】

❶ハマグリの殻をよく水で洗い、薄めの塩水につけ、新聞紙をかぶせて1時間ほど砂ぬきをする。a

❷鍋に水、昆布、ハマグリを入れて中火にかけ、沸騰しない程度に温め、弱火にする。

❸ハマグリの口が開いたら、身が縮まらないように取り出してお椀に入れて置く。b

❹昆布も取り出し、鍋に酒としょうゆを入れ、弱火で沸騰しないように温める。c

❺戻した乾燥わかめを加えて完成。器によそい、ぶぶあられ、三つ葉を散らす。

保存方法 ▶ できたてを食べる

カンタンPOINT
豚肉を炒めないのが、肉がかたくならないコツ

豚汁

調理時間 20 min

【材料（2人分）】

豚ばら薄切り肉（3cm長さに切る）…120g
だし汁…500㎖ ※P.6参照
みそ…大さじ2
ごま油…大さじ½
しょうゆ…小さじ1
酒…大さじ1
A
にんじん（5㎜厚の半月切り）…30g
大根（1cm厚の銀杏切り）…80g
ごぼう（2㎜厚の斜め切り）…40g
しいたけ（石突きを取って十字に切る）…2枚
しょうが（せん切り）…10g
万能ねぎ（五分切り）…2本分

【作り方】

❶鍋にごま油を引き、中火で熱し、Aを入れて2分炒める。a
❷❶にだし汁を入れ、沸騰したら弱火に落として5分加熱し、野菜を柔らかくする。
❸だし汁をお玉1杯分すくってお玉の中でみそを溶き、鍋に戻し入れる。b
❹しょうゆ、酒、豚肉も入れ、弱火で3分ほど加熱して完成。c
❺器に盛り、万能ねぎを散らす。

保存方法 風味が落ちるので飲み切る

カンタンPOINT

味噌を加えたら、風味が飛ぶので沸かさない

豆腐とわかめの味噌汁

調理時間 10 min

【材料（2人分）】

だし汁…400㎖ ※P.6参照

煮干し（頭と腹わた取る）…10尾

※『素材力だし』いりこだし1本（5g）でもOK

みそ…大さじ2

〈具材〉

乾燥わかめ…6g

絹ごし豆腐（1・5㎝角さいの目に切る）…½丁

揚げ玉…小さじ2

【作り方】

❶だし汁に、煮干しを入れて強火にかけ、沸いたら弱火にして5分煮だし、煮干しを取り出す。

❷だし汁をお玉1杯分すくってお玉の中でみそを溶き、鍋に戻す。

〈豆腐を切る〉

❶豆腐を手のひら（初心者の方は危ないのでまな板の上で作業する）にのせ、横に2回包丁を入れる。a

❷上から4等分に切る。b

❸豆腐を90度動かして、4等分に包丁を入れる。c

❹豆腐を鍋にそっと入れ、沸騰しないように弱火で加熱する。

❺温まったら戻した乾燥わかめを入れて火を止める。器に盛って揚げ玉をのせる。

a

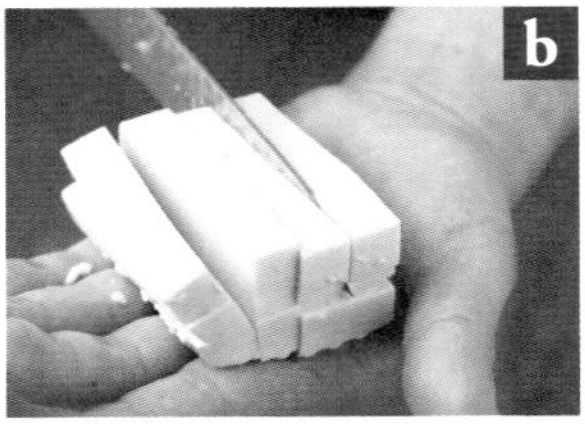
b

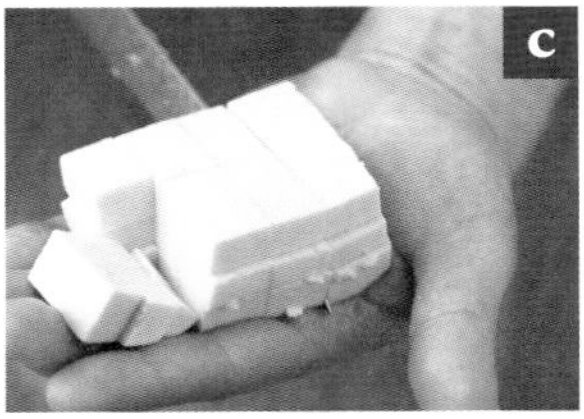
c

保存方法 風味が落ちるので飲み切る

Part 2

1品でも納得の満足感！

ご飯、丼、麺、鍋

時間がない日の
すぐ出来ごはん 29

カンタンPOINT
カツを煮て、仕上げに水溶き和からしを加えるとコク旨に

カツ丼

作業時間 15 min
※玉ねぎの冷凍、とんかつの調理時間は含まない

【材料（2人分）】

玉ねぎ（薄切り）…½個分
とんかつ…2枚 ※P.30参照
A
- だし汁…120㎖ ※P.6参照
- みりん…大さじ2
- 砂糖…小さじ2
- しょうゆ…大さじ2

卵（溶いておく）…3個
三つ葉…4本（2㎝ざく切り）
水溶き和からし…小さじ1
（からし1：水1）
サラダ油…適量
炊いたご飯…丼2膳分

【作り方】

冷凍しておく食材

❶玉ねぎを薄切りにし、キッチンペーパーで水けを取る。
❷フリーザーバッグに入れて冷凍する。冷凍して細胞を壊しておくことで、短時間で玉ねぎの甘味が出る。 a

調理スタート

❶小さめフライパンに、冷凍玉ねぎととんかつ（市販品でもOK）を入れる。
❷Aを注ぎ、蓋をして中火に2分ほどかける。 b
❸中火のままで水溶き和からしをとんかつに掛ける。 c
❹ボウルに卵を割り、箸で卵黄を潰してザックリ2〜3回卵白を切るように混ぜ、三つ葉を入れる。 d ※卵を混ぜすぎないことで、ふんわりと仕上がる。
❺蓋を取り、中火弱にして卵液の½量をフライパンの中心から外に向け円を描く様に流し入れ、箸でカツの隙間に卵液を流し込む。 e
❻残りの卵液を流し入れ、10秒後火を止める。 f
❼蓋をして30秒待って完成。
❽ご飯を盛った丼によそう。

保存方法 カツ煮は冷ましてから密閉保存容器に入れ、冷蔵保存2日

調理のポイント

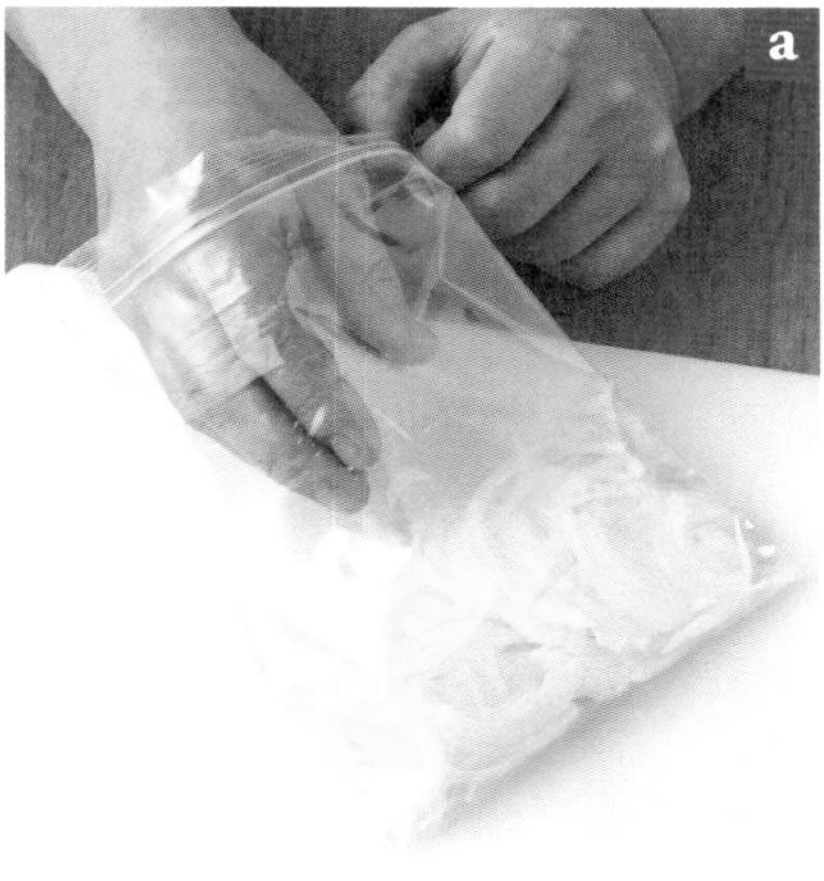

カンタンPOINT ヘラで押さえながら鶏皮をパリパリに焼くとお店の味に

焼き鶏丼

調理時間 15min
※ご飯が炊けていれば

【材料（2人分）】

鶏モモ肉…1枚（300g）
塩…小さじ1/5（少々）
小麦粉…小さじ1
ごま油…大さじ1/2

〈野菜〉
長ねぎ（1cm厚斜め切り）…1/2本分
ピーマン（ヘタと種を除いて、縦十字に4等分）…1個分

〈タレ〉
酒…大さじ1
しょうゆ…大さじ1
みりん…大さじ1
砂糖…小さじ1

炊いたご飯…丼2膳分

【作り方】

〈鶏肉の観音開き〉
❶キッチンペーパーで鶏肉表面の水けを取る。
❷皮面を下にしてまな板に置き、まずは左側の分厚い部分や筋、脂に包丁を入れて平らになるまで切る。a
❸右側は肉を回転させ、❷と同様に行い観音開きにする。b
❹鶏肉に塩をふり、5分おく。
❺鶏肉からでた水けをキッチンペーパーで取る。

〈焼き鶏〉
❶観音開きにした鶏肉を、3cm角目安に切る。
❷皮面に小麦粉をふる。c
❸フライパンにごま油を引き、皮面を下にして鶏肉を並べ、ヘラで押さえながら中火で皮がカリッとなるまで焼く。d
❹反対面に返して〈野菜〉を加え、中火で1分ほど焼く。e
❺合わせた〈タレ〉を入れ、1分ほど煮詰める。f
❻ご飯を盛った丼に、焼き鶏と野菜を乗せる。

保存方法 焼き鶏は冷ましてから密閉保存容器に入れ、冷蔵保存2日

調理のポイント

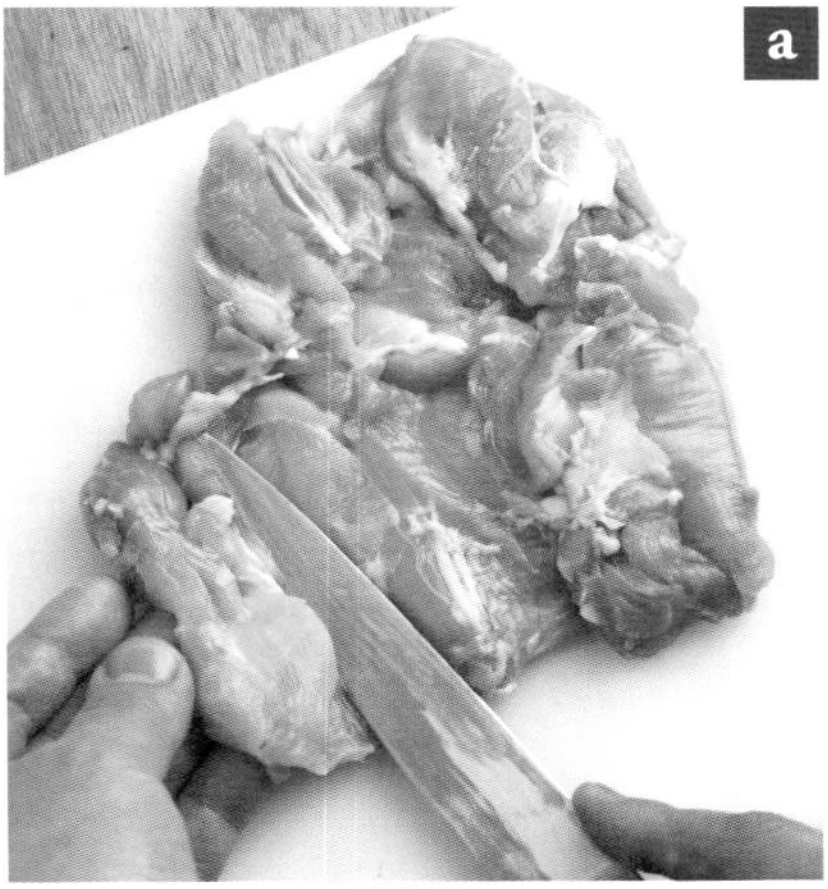

カンタンPOINT
生の肉にだしをしっかり混ぜておくと、時間が経ってもしっとり食感

鶏そぼろ丼

調理時間 20min
※ご飯が炊けていれば

【材料(2人分)】
鶏ひき肉…200g
れんこん(粗みじん切り)…50g
A
だし汁…125㎖ ※P.6参照
みりん…大さじ1
砂糖…大さじ½
しょうゆ…大さじ1
酒…大さじ1
〈温泉卵〉
卵…2個
熱湯…500㎖
炊いたご飯…丼2膳分
万能ねぎ(小口切り)…4本

【作り方】
❶〈温泉卵〉を作る。常温に戻した卵を500㎖の熱湯に入れ、ラップをして15分置く。
❷❶を氷水に取って冷ます。
❸鶏肉、れんこん、Aを鍋に入れ、火を止めた状態で箸3~4本でかき混ぜる。a
❹中火にかけ、同じ箸でかき混ぜながら火を入れる。
❺パラパラにほぐれたら、強火にしてお玉で灰汁を取り、汁気が無くなる寸前まで炊く。b
※汁だくがお好きなら、多めに汁を残す。
❻ご飯を盛った丼に❺をよそい、温泉卵をのせ、ねぎを振る。

a

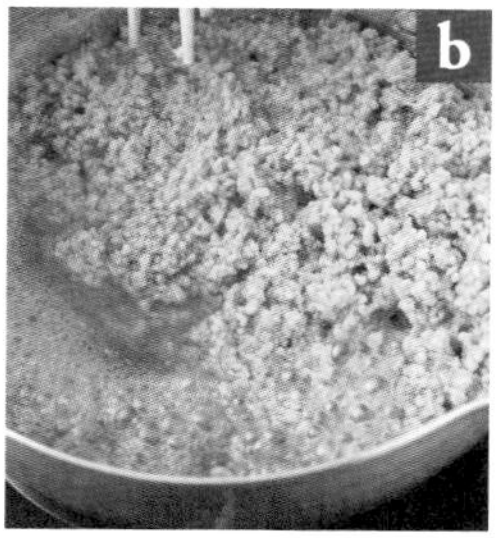
b

保存方法 鶏そぼろは冷ましてから密閉保存容器に入れ、冷蔵保存3日

カンタンPOINT 皮をしっかり焼くと、鶏臭さがなく香ばしい

親子丼

作業時間 15 min
※玉ねぎの冷凍時間は含まない

【材料（2人分）】

玉ねぎ（薄切り）…½個分
鶏もも肉（2cm幅のそぎ切り）…240g
卵…3個
ごま油…大さじ½
A
- だし汁…90㎖ ※P.6参照
- みりん…大さじ4
- しょうゆ…大さじ2
- 酒…大さじ1

炊いたご飯…丼2膳分
三つ葉…4本（2cmざく切り）

【作り方】

冷凍しておく食材

❶玉ねぎを冷凍する。（P.73参照）

調理スタート

❶フライパンにごま油を引き、中火で熱し、鶏皮を香ばしく焼いて器に取り出す。a

❷フライパンに冷凍玉ねぎ、Aを入れ、中火にかけて沸騰させる。

❸❶を入れて弱火にし、蓋をして3分ほど火を通す。b

❹ボウルに卵を割り、箸で卵黄を潰してザックリ2〜3回卵白を切るように混ぜて、三つ葉を入れる。

❺蓋を取り、中火にしてフライパンの中心から外に向け円を描く様に½量の卵液を入れ、箸で鶏肉の隙間に卵液を流し込む。c

❻火を止め、残りの卵液を流し入れ、蓋をして1分蒸らす。

❼ご飯を盛った丼によそう。

保存方法 親子煮は冷ましてから密閉保存容器に入れ、冷蔵保存2日

カンタンPOINT
タレに赤ワインを入れることでコクと深みのある味つけに

牛丼

【材料（2人分）】

玉ねぎ（薄切り）…½個分
牛ばら薄切り肉（5〜6㎝幅に切る）…300g
だし汁…250㎖ ※P.6参照
A
赤ワイン…大さじ1
酒…大さじ1
砂糖…大さじ1
みりん…大さじ2
しょうゆ…大さじ2
おろししょうが…小さじ1
炊いたご飯…丼2膳分
紅しょうが…適量

【作り方】

冷凍しておく食材

❶玉ねぎを冷凍する。（P.73参照） a

調理スタート

❶鍋にAを入れ、強火にて沸騰させ、牛肉、冷凍玉ねぎを入れる。 b
❷アクが出たらお玉で取る。
❸再び煮立ったら、弱火にてし10分煮込む。 c
❹ご飯を盛った丼に❸をよそい、紅しょうがを添えて完成。

作業時間 20 min
※玉ねぎの冷凍時間は含まない

a

b

c

保存方法 牛皿は冷ましてから密閉保存容器に入れ、冷蔵保存3日

カンタンPOINT めんつゆにレモン汁とごま油を入れたタレが絶品

マグロねばねば丼

調理時間 10 min
※ご飯が炊けていれば

【材料(2人分)】

- マグロ(1・5㎝角切り)…100g
- オクラ…4本
- たくあん(1㎝角切り)…30g
- A
  - アボカド(1・5㎝角切り)…½個
  - めんつゆ(4倍濃縮タイプ)…大さじ½
  - レモン汁…小さじ1
  - ごま油…小さじ½
- B
  - 長いも(短冊切り)…80g
  - めんつゆ(4倍濃縮タイプ)…小さじ2
  - わさび(チューブ)…2㎝
  - ひきわり納豆…1パック
- 卵黄…1個
- 炊いたご飯…丼2膳分
- きざみのり…適量(天盛り)

【作り方】

1. オクラのへたを切り落とし、ガクをむく。a
2. 鍋に湯を沸かし、ティースプーン山盛り1杯の塩を入れ、オクラを1分45秒ゆでて、ザルにあげる。b
3. 氷水にとる。c
4. キッチンペーパーで水けをふき、輪切りにする。
5. ボウルにAをざっくりと和える。
6. 別のボウルでBをよく混ぜ、ご飯を盛った丼に入れ、Aを真ん中に小高く盛り、きざみのりを散らして完成。

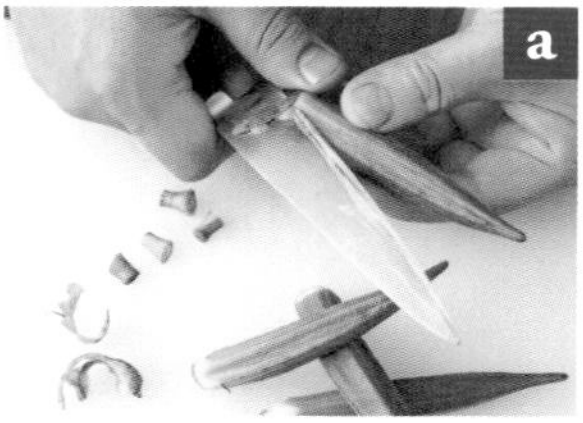
a

b

c

保存方法 できたてを食べる

カンタンPOINT 高菜は水洗いしてから使用すると、絶妙な塩加減に

高菜チャーハン

調理時間 **10** min
※ご飯が炊けていれば

【材料（2人前）】

高菜漬け…50g
炊いたご飯…大盛り2膳
サラダ油…大さじ½
ごま油…小さじ1
マヨネーズ…大さじ1
卵…2個
シラス…10g
白ごま…大さじ½

【作り方】

❶高菜漬けを水ですすぎ、よく絞り、粗いみじん切りにする。a
❷ご飯にサラダ油を混ぜる。b
❸フライパンにごま油とマヨネーズを入れ、中火で温める。
❹❸に溶き卵を入れ、しゃもじでかき混ぜてふんわりしたら、いったん皿に出しておく。
❺❹のフライパンに❷のご飯を入れ、中火で炒める。
❻シラス、高菜を入れ、さらに炒める。具材がからまったら火を止める。
❼卵を戻し入れ、白ごまを振り、ざっくり混ぜる。c

保存方法 熱いうちにラップで包み、冷めたらアルミホイルに包み、冷凍保存3日間

カンタンPOINT 旨味たっぷりのサバ缶にねぎの風味がクセになる

焼きめし

調理時間 10 min
※ご飯が炊けていれば

【材料(2人分)】

冷凍ご飯…大盛り2膳分
サバ缶…1缶
サラダ油…大さじ1
マヨネーズ…大さじ1
卵…2個
A しょうゆ…小さじ2
A 七味唐辛子…適量
ねぎ(粗いみじん切り)…½本
貝割大根(ざく切り)…½パック

【作り方】

❶冷凍ご飯を電子レンジで温めたら、1度ざるにあけて水洗いする。しっかりざるで水けを取り除くとご飯がパラパラになる。**a**

❷サバ缶の汁気をしっかりとる。**b** ※汁は使わない。

❸フライパンに油(大さじ½)を引いて中火で温め、マヨネーズと溶き卵を入れ、しゃもじでかき混ぜる。ふんわりしたら、いったん皿に出しておく。**c**

❹❸のフライパンに油(大さじ½)を入れ❶、❷を入れて中火で軽く炒めたら、Aを入れ炒めて火を止める。

❺貝割大根、❸を戻し入れ、ざっくり混ぜ合わせる。

a

b

c

保存方法 熱いうちにラップで包み、冷めたらアルミホイルに包み、冷凍保存3日間

①梅干し＋おかか、
②焼いた塩鮭＋オリーブオイル、
③昆布佃煮＋わさび漬け＋ごま、
④塩むすび、⑤揚げ玉＋カリカリ梅、
⑥昆布佃煮＋チーズ

カンタンPOINT
炊飯時に塩を入れて炊くのがプロのコツ

おにぎり6種

調理時間 10 min
※ご飯が炊けていれば

【材料（4個分）】

●〈塩むすび〉
米…2合　水…360mℓ
※お好みで雑穀米にしてもOK
※水は雑穀に合わせて増やす
A ┌塩…小さじ1（具材を入れてにぎる場合は小さじ½）
　 └はちみつ…小さじ1弱
のり…適量

具はお好みで選びます

〈お好みの具〉　※具材は合わせておく
●焼いた塩鮭（½枚）＋オリーブオイル（大さじ1）
●梅干し（1個）＋おかか（½袋）
●昆布佃煮（10g）＋わさび漬け（5g）＋ごま（小さじ1）

【作り方】

〈塩むすび〉
❶米を研ぎ水に30分ほど浸水する（最近の炊飯器浸水不要な機種もある）。
❷Aを入れご飯を炊く。a
❸広げたラップに炊いたご飯（1膳分）をのせ、おにぎりをにぎる。

〈具入りおにぎり〉
※ご飯は〈塩むすび〉と同じものを使用
❶広げたラップに炊いたご飯（1膳分）をのせ、〈お好みの具〉を中心に置く。
❷おにぎりをにぎり、のりをまく。

a

〈アレンジ提案〉
ご飯に具を混ぜてにぎる

●〈揚げ玉＋カリカリ梅〉
炊いたご飯（2膳分）に揚げ玉（大さじ2）とカリカリ梅（刻んだもの大さじ1）を混ぜ、握る。
●〈昆布佃煮＋チーズ〉
プロセスチーズ（1個）を8㎜程度の角切りにする。
昆布の佃煮（15g）を、炊いたご飯（2膳分）に混ぜてにぎる。

保存方法 ▶ 温かいうちにラップで包み、粗熱が取れたら冷凍する。冷凍保存1週間

カンタンPOINT シラス、おかか、大葉を混ぜて焼くと味わい豊かに

焼きおにぎり(しょうゆ)

調理時間 8 min
※ご飯が炊けていれば

【材料(2個分)】

炊いたご飯…2膳分

〈具材〉
- 大葉…2枚
- シラス…大さじ½
- おかか…2g(½袋)
- しょうゆ…小さじ2

【作り方】

❶大葉は軸を切り落とし、ちぎる。a

❷ボウルに温かいご飯に、〈具材〉を加えてざっくりしゃもじで混ぜる。b

❸ラップをひろげて1膳分のご飯をのせ、軽くにぎって形を整える。

❹フライパンにクッキングシートを敷き、中火で表面がカリッとなるまで両面焼く。c

※温めた魚焼きグリルにのせ、表面がカリッとなるまで焼いてもOK。

保存方法 温かいうちにラップで包み、粗熱が取れたら冷凍する。冷凍保存1週間

カンタンPOINT
タイの切り身を麺つゆで和えて味わい豊かに

タイ茶漬け

調理時間 10min
※ご飯が炊けていれば

【材料（2人分）】

〈具材〉
タイ（刺身用）…8切れ

〈ごまダレ〉
練りごま…大さじ1と½
めんつゆ（4倍濃縮タイプ）…大さじ1
煎りごま…小さじ1

A
わさび…適量
焼きのり…2枚
三つ葉…適量

〈かけだし〉
熱々のお茶…360㎖
顆粒昆布だし…適量
しょうゆ…小さじ1

炊いたご飯…2膳分

【作り方】

❶刺身用のタイに〈ごまダレ〉材料を混ぜて冷蔵庫で冷やしておく。a

❷器に、熱々のご飯、❶、Aを盛る。b

❸熱々の〈かけだし〉を注ぐ。タイの身が白くはぜるのが極上の食べ方。c

a

b

c

保存方法 できたてを食べる

カンタンPOINT だしは使わず、おかかを振りかけてコク出しを

豆乳鶏茶漬け

調理時間 6 min
※ご飯が炊けていれば

【材料（2人分）】

サラダチキン…1/3袋

A
- 練りごま…大さじ1
- めんつゆ（4倍濃縮タイプ）…大さじ1

B
- 豆乳…200mℓ
- 水…100mℓ
- 白だし…大さじ1/2

炊いたご飯…2膳分

〈トッピング〉
- わさび…適量
- 万能ねぎ（小口切り）…適量
- かつおぶし…小さじ2

【作り方】

❶サラダチキンをほぐして、Aで和える。a

❷Bを耐熱容器に入れ、電子レンジで温める。

❸器に熱々のご飯を盛り、❶を乗せ❷をかける。b

❹わさび、万能ねぎ、かつおぶしをのせる。c

保存方法 できたてを食べる

カンタンPOINT 動物性食材をプラスして満足感ある味わいに

お茶漬け3種

【材料（2人分）】

【漬け物茶漬け】

炊いたご飯…2膳分
梅干し…1個（種を除いて2つに分ける）
たくあん…15g（3切れ）
柴漬け…15g
わさび…適量
〈かけだし〉
顆粒鶏ガラスープ…適量
熱湯…適量

【作り方】

【漬け物茶漬け】

❶器に、熱々のご飯を盛る。
❷梅干し½量、刻んだたくあん・柴漬けをのせる。a
❸コクを出すため、熱々のお湯に顆粒鶏ガラスープを混ぜて注ぐ。
❹わさびをのせる。b

調理時間 5 min
※ご飯が炊けていれば

〈お茶漬けの素（永谷園）の活用提案〉

【提案①】
コンビーフ＋わさび
❶コンビーフ（スプーン1杯）とご飯（1膳分）を混ぜ、器に盛る。
❷お茶づけ海苔（1袋）をかけ、熱々のお茶（適量）を注ぐ。
❸わさび（適量）を添える。

【提案②】
塩辛＋わさび風味
❶器にご飯（1膳）を盛り、イカ塩辛（スプーン1杯）を乗せる。
❷わさび茶づけ（1袋）をかけ、熱々のお茶（適量）を注ぐ。

保存方法 できたてを食べる

カンタンPOINT 鶏肉をカリッと焼くこくで、深みが出ておいしくなる

鶏野菜雑炊

調理時間 15 min
※ご飯が炊けていれば

【材料（2人分）】
鶏もも肉（皮なし）（一口大に切る）…80g
大根（いちょう切り）…5㎝輪切り分
にんじん（いちょう切り）…3㎝輪切り分
炊いたご飯…1・5膳分
ごま油…適量
水…400㎖
白だし…大さじ3
おろししょうが…大さじ½
卵…1個
三つ葉…適量

【作り方】
❶ごま油を引いて中火で熱したフライパンに、鶏肉を入れ、表面にカリッと焼き色をつける（中まで火が通らなくてOK）。a
❷❶に、大根、にんじんを入れてサッと炒める。
❸ご飯は1度ざるに入れて水で洗う（ぬめり取り）。b
※おじやの場合はトロミを出したいので米を洗わない。
❹❷の鍋（フライパン）に水、白だしを入れて中火で熱し、煮立ったら弱火にして野菜が柔らかくなるまで煮る。
❺❸を加えて、温まったらおろししょうがを入れて軽く混ぜ、溶き卵を入れ、火を止める。c
❹仕上げに三つ葉を乗せる。

a

b

c

保存方法 できたてを食べる

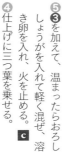

カンタンPOINT

鶏皮を香ばしく焼いて、長ねぎとだしで煮出した本格味

鶏南蛮そば

調理時間 10 min

【材料(2人分)】

乾燥そば…200g
鶏もも肉(厚めそぎ切り)…150g
長ねぎ(1cm斜め切り)…1/2本
しいたけ(3等分)…2枚
めんつゆ(4倍濃縮)…小さじ2
A ┌水…600mℓ
　 └めんつゆ(4倍濃縮)…85mℓ
三つ葉(5cmざく切り)…2本
柚子の皮…2枚
※P.21【作り方】❶、❷を参照。

【作り方】

❶麺を表示通りにゆで、冷水で麺を締める。a
❷フライパンを中火で熱し、鶏肉を皮面から焼き、ヘラでおさえてカリッと焼き色をつける。b
❸長ねぎと、しいたけを加えて1分焼き、焼き色をつける。c
❹めんつゆ(小さじ2)を入れ、さっと炒め、Aを入れて温める。
❺器にそばを盛り、上から熱々の❹をかけ、三つ葉と柚子の皮をのせて完成。

a

b

c

保存方法 できたてを食べる

カンタンPOINT
豚のゆで汁がスープにしみでてコク旨に

すだちそば

調理時間 15 min

【材料（2人分）】

乾燥そば…200g
豚肩ロース薄切り肉（5cm長さに切る）…100g
七味唐辛子…小さじ1/8
薄力粉…小さじ1/2
めんつゆ（4倍濃縮タイプ）…100mℓ
水…500mℓ
すだち（薄切り）…4個

【作り方】

❶麺を表示通りにゆで、冷水で麺を締める。
❷ボウルに豚肉、七味唐辛子、薄力粉、めんつゆ大さじ1を入れて揉み込む。a
❸水と残りのめんつゆを鍋に入れて中火で沸かす。
❹❷を入れて2分煮込み、灰汁をお玉でキレイに取る。b
❺豚肉に火が通ったら、肉が固くならないように皿に取り出しておく。
❻汁を氷水にあてて冷やす。c
❼器にそばを盛り、❻と豚肉を盛り、薄切りにしたすだちを盛る。

保存方法 できたてを食べる

カンタンPOINT
冷凍うどんでささっと作れる
ばっちり美味しい専門店の味

焼きうどん

調理時間 25 min

【材料(2人分)】

冷凍うどん…2玉
ごま油…大さじ1
卵…2個
オイスターソース…大さじ½
ごぼう(ささがき)…50g
にんじん(細切り)…30g
豚バラ薄切り肉(5㎝に切る)…4枚
めんつゆ(4倍濃縮タイプ)…大さじ2
酒…大さじ1
万能ねぎ(寸切り)…4本

【作り方】

❶冷凍うどんを電子レンジで内袋に入れたまま、片面1分半ずつ温めておく。a
❷フライパンにごま油(大さじ½)を入れて中火にかけ、温まったら卵とオイスターソースを入れ、20秒ほど炒め、器に出しておく。b
❸フライパンにごま油(大さじ½)を入れ、中火にかけ、ごぼう、にんじん、豚肉を2分炒める。
❹めんつゆと酒を入れて絡め、うどんを入れて焼く。c
❺全体に炒まったら、❷を戻し入れてザックリ混ぜる。
❻器に盛り、万能ねぎをちらす。

a

b

c

保存方法 できたてを食べる

カンタンPOINT 牛乳とチーズでまろやかなコクに

和風だし香るカレーうどん

調理時間 10 min

【材料（2人分）】

冷凍うどん…2玉
中辛レトルトカレー…2箱
A
- だし…300㎖
- めんつゆ（4倍濃縮タイプ）…大さじ2
- 牛乳…大さじ4

とろけるスライスチーズ…2枚
万能ねぎ（寸切り）…4本

【作り方】

❶冷凍うどんを電子レンジで内袋に入れたまま、片面1分半ずつ温めておく。
❷鍋にレトルトカレーとAを入れて中火で温める。a
❸弱火にしてうどんを入れて温める。b
❹器によそい、万能ねぎ、スライスチーズをのせ、万能ねぎを散らして完成。c

a

b

c

保存方法 できたてを食べる

カンタンPOINT 鶏肉を焼くことで、スープの旨味が格段に違う！

鶏団子鍋

調理時間 30min

【材料（2人分）】

鶏モモ肉…120g（½枚）

〈鶏団子〉
- 鶏ひき肉…200g
- 木綿豆腐…⅓丁（水切りする）
- 片栗粉…大さじ1弱
- ごま油…小さじ2
- 塩…小さじ½
- しょうゆ…小さじ1
- 柚子胡椒…小さじ1

A
- 水…1ℓ
- 酒…大さじ2
- しょうゆ…大さじ2
- みりん…大さじ2
- 昆布…(20g)5cm角2枚

マロニー…30g
しいたけ…2枚
ほうれん草（5cmザク切り）…½束

【作り方】

1. フライパンを中火で熱し、鶏肉の皮面を下にして入れ、焼き色をつける。a ※中まで火が通っていなくてOK。
2. 1を一口大に切る。b
3. ボウルに〈鶏団子〉の材料を入れ、手でしっかり練り合わせる。c
4. Aを鍋に入れ、中火にかけて沸騰させる。
5. 2の鶏肉を入れ、中火で3分程炊く。d
6. 3をスプーンで一口大にすくって入れる。e
7. マロニーも入れ5分炊く。
8. しいたけは軸を取り、4等分に切る。
9. 肉団子に火が通ったら、しいたけ→ほうれん草の順に入れて完成。f

保存方法 保存容器に入れ、冷蔵保存1日

調理のポイント

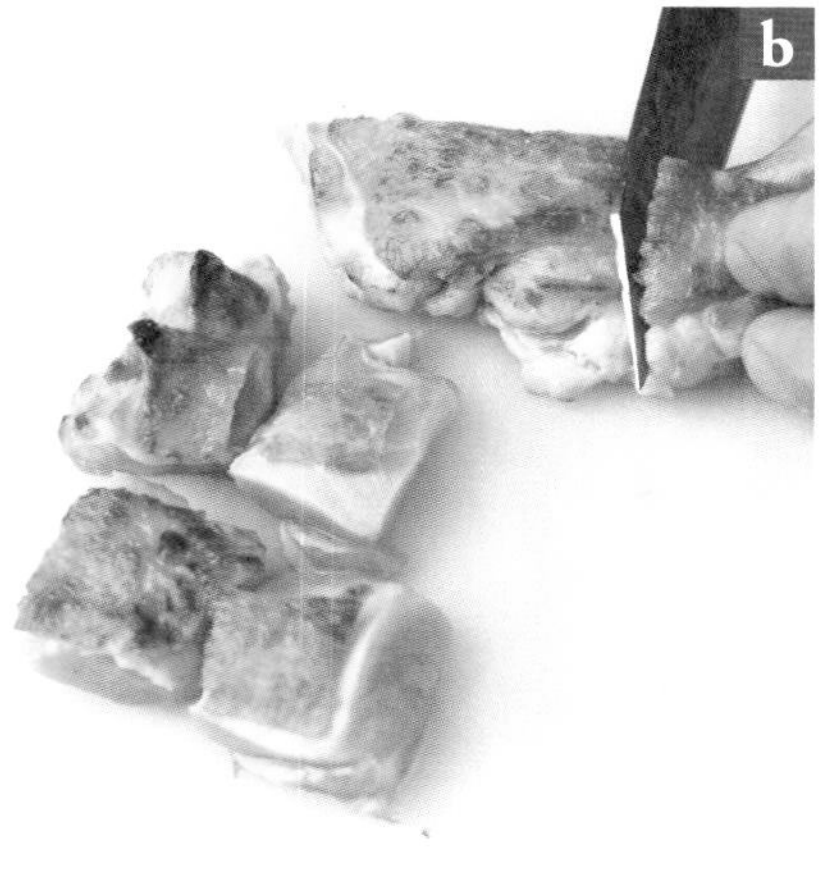

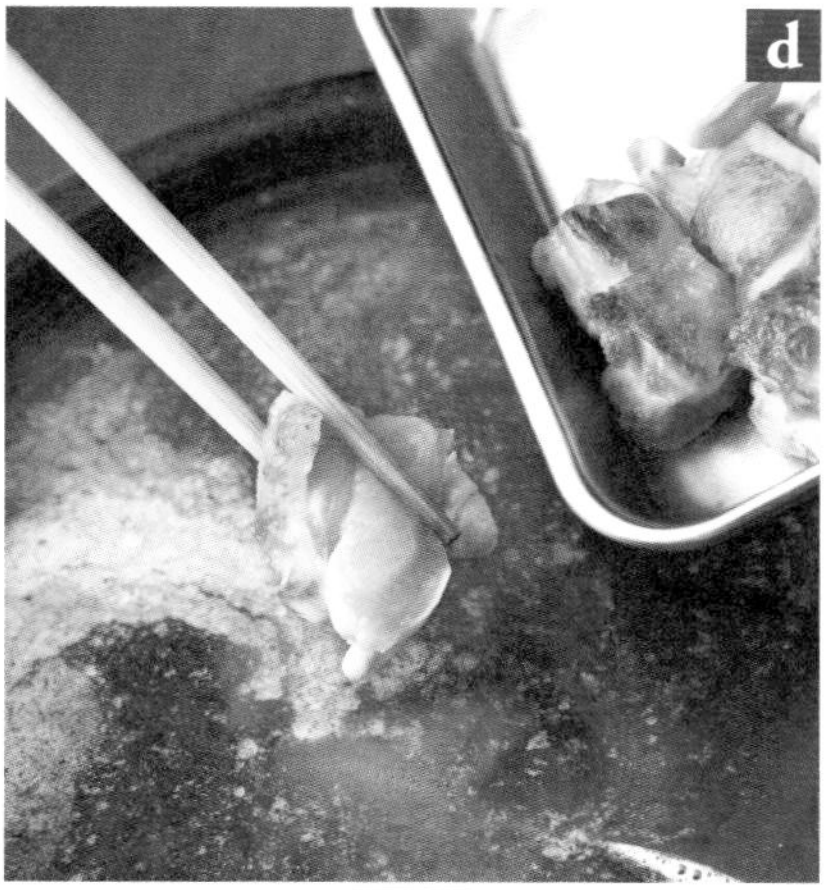

カンタンPOINT
割下に赤ワインを入れるとリッチな味わいに

すき焼き

【材料（2人分）】

玉ねぎ…1個分
しいたけ（石突きを取る）…4個分
白滝…1玉
牛肩ロースすき焼き用…300g
牛脂…1個
乾燥わかめ（戻しておく）…10g
えのき（長さ半分に切る）…1/2パック
焼き豆腐（8個に切る）…1/2丁
〈割り下〉
水…200mℓ
赤ワイン…100mℓ
しょうゆ…100mℓ
みりん…50mℓ
砂糖…30g
卵…2個

作業時間 30 min
※野菜の冷凍時間は含まない

【作り方】

冷凍しておく食材

①玉ねぎをくし切りにし、キッチンペーパーで水けを取る。
②しいたけは4つ割りに切る。
③それぞれフリーザーバッグに入れて冷凍する。a

調理スタート

①白滝の水けをザルで切り、10cm長さのざく切りにする。b
②〈割り下〉材料を、耐熱容器に入れ、電子レンジで3分加熱し、砂糖が溶けたら完成。c
③すき焼き鍋を中火で熱し、牛脂を入れて油を広げる。d
④牛肉を焼いてから、冷凍玉ねぎを入れる。e
⑤〈割り下〉を1/3量注ぐ。
⑥牛肉と玉ねぎを鍋の端に寄せ、白滝→冷凍しいたけ→えのき→焼き豆腐→わかめの順に具材を入れて、残りの〈割り下〉を入れて中火で10分程煮込み、味が染みたら完成。f
⑦卵を絡めて食べる。

保存方法 冷ましてから密閉保存容器に入れ、冷蔵保存2日

調理のポイント

カンタンPOINT
ベーコン、鶏手羽、ソーセージを焼いて旨味を閉じ込める

おでん

作業時間
40
min
※大根の冷凍時間は含まない

【材料（2人分）】

- 大根…2㎝厚さ輪切り4個
- こんにゃく…1丁分
- 固ゆで卵（殻をむいておく）…2個
- 鶏手羽先…4本

A
- だし汁…1ℓ ※P.6参照
  ※水1ℓに顆粒だしかつお2本（10g）、昆布1本（5g）でもOK
- 酒…大さじ2
- しょうゆ…小さじ2
- みりん…大さじ2
- 塩…小さじ¾

B
- ソーセージ…4本
- 厚切りベーコン…80g
- ちくわぶ（4等分に切る）…1本
- 厚揚げ豆腐（4等分）…1丁

〈お好み〉
- からし…適量
- 柚子胡椒…適量

【作り方】

冷凍しておく食材

①大根は皮をむく。
②キッチンペーパーで水けを取り、フリーザーバッグに入れて冷凍する。a

調理スタート

①こんにゃく1丁を対角線に包丁を入れて4等分に切る。
②フライパンで鶏手羽先を皮目に焼き色がつくまで中火で焼き、器に取り出しておく。b
③ソーセージとベーコンもフライパンで焼いて器に取り出しておく。c
④鍋にA、冷凍大根、こんにゃく、鶏手羽先、固ゆで卵を入れて、中火にかける。d
⑤沸騰したら弱火にして蓋をして、15分炊く。e
⑥Bを入れて、15分炊く。f
⑦お好みで辛子や柚子胡椒をつけて食べる。

保存方法 冷ましてから密閉保存容器に入れ、冷蔵保存3日

調理のポイント

カンタンPOINT

「太白胡麻油＋白だし」で旨味が倍増！

豚ばら白菜鍋

調理時間 20 min

【材料（2人分）】

白菜…1/2個
豚ばら薄切り肉…300g
きざみしょうが…大さじ2

A
太白ごま油…大さじ4
白だし…大さじ2
酒…大さじ2

呼び水…120cc
万能ねぎ（小口切り）…1/2束

〈つけだれ〉
ポン酢やごまだれ…適量
柚子胡椒…適量

【作り方】

❶鍋の高さに合わせて白菜をザク切りにして、鍋に立てるように詰める。a
❷豚肉の長さを3等分に切る。
❸白菜の間に豚肉を挟んでいく。b
❹上にきざみしょうがを乗せ、Aを入れて蓋をする。c
❺中火で炊き、沸騰したら弱火で5～6分炊く。
❻白菜がクタッと柔らかくなったら食べ頃。
❼器に盛ってねぎを散らし、お好みの〈つけだれ〉で食べる。

保存方法 冷蔵保存1日

Part 3

手抜きに見えない！

肉料理、寿司、季節のご飯

週末の腕まくりメニュー9

和風ローストビーフ

カンタンPOINT
野菜や果物のすりおろしに肉を漬け込みやわらかく

調理時間 70 min

【材料(2人分)】
牛もも肉ブロック…300g
塩…小さじ½
黒こしょう…小さじ¼
玉ねぎ(すりおろす)…¼個分
りんご(すりおろす)…¼個分
まいたけ(みじん切り)…30g
サラダ油…大さじ1

A
水…大さじ3
砂糖…小さじ1
めんつゆ(4倍濃縮タイプ)…大さじ3

〈付け合わせ〉
レタス…¼個　すだち…½個
柚子胡椒…お好み

【作り方】
❶牛肉の水けをキッチンペーパーで取る。
❷塩、黒コショウをもみ込み、常温で5分置く。a
❸玉ねぎ、りんご、まいたけをもみ込み、常温で30分置く。b
❹❷で肉にまぶしたものをボウルに入れておく。c
❺フライパンに油を引き、中火で熱し、片面1分30秒ずつ表面に焼き色をつける。d
❻肉を取り出して、アルミホイル2枚重ねで包み、30分置く。e
❼ソースを作る。❻のフライパンにA、❹、❻のアルミホイル内に出た肉汁を入れ、トロミがつくまで弱火で煮つめてソースを作る。f
❽肉を薄く切り、レタスと共に盛り付け、ソースを添える。お好みで柚子胡椒をそえる。

〈アレンジ提案〉
ローストビーフユッケ風

❶余ったローストビーフや、切れ端を細切りにする。
❷温泉玉子をのせ、万能ねぎをちらし、めんつゆをかける。
※りんごの細切りを混ぜてもおいしい。

保存方法 冷ましてから密閉保存容器に入れ、冷蔵保存2日

調理のポイント

a

b

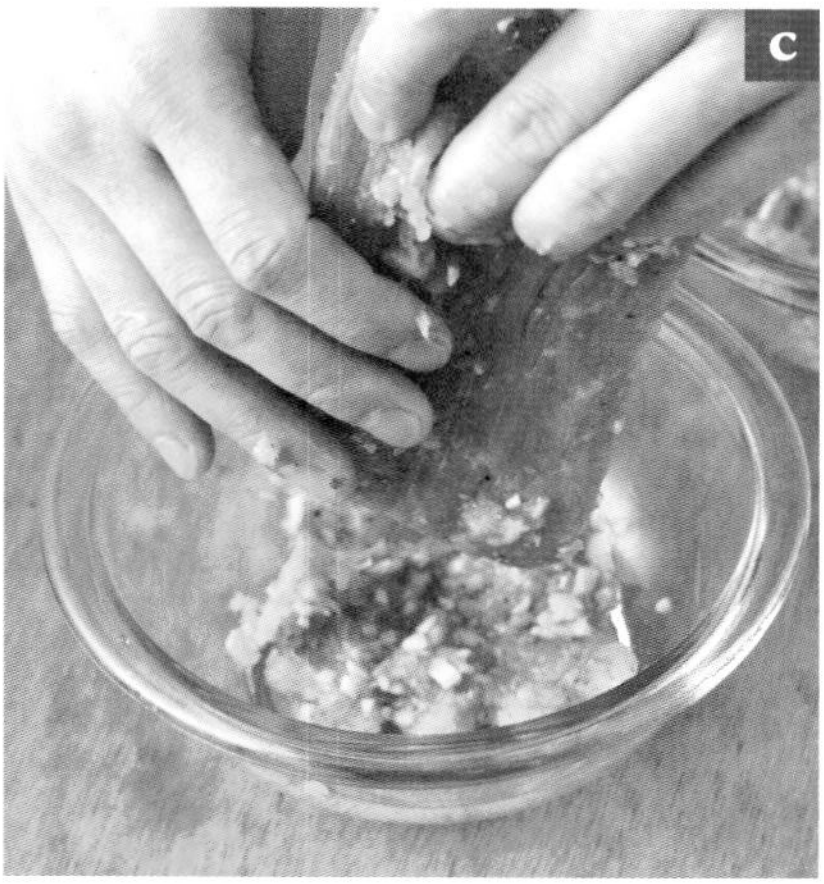
c

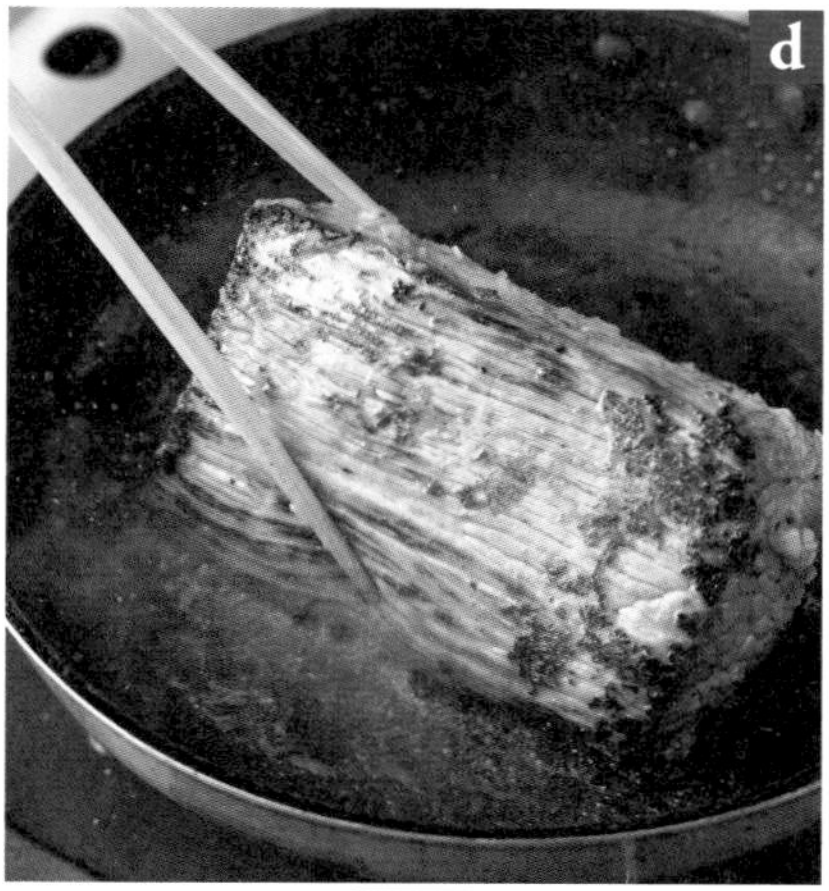
d

e

f

カンタンPOINT 圧力鍋を用いることで時間を½に短縮

卵入り豚角煮

調理時間 60 min

【材料(2人分)】

豚ばらブロック肉…400g
(200gの長細いブロック2本)

A
- 長ねぎの青い部分…1本分
- しょうが…1かけ(20g)
- 水…具材がかぶるくらいの分量

B
- 水…200mℓ
- 酒…50mℓ
- 赤ワイン…50mℓ
- 砂糖…大さじ1
- みりん…大さじ½
- しょうゆ…大さじ2
- 昆布5cm角…1枚(5g)
- 鷹の爪(種を取り4等分)…½本

ゆで卵(殻をむく)…2個

【作り方】

❶圧力鍋にAを入れる。 a
❷高圧設定で強火に25分かけ、豚肉を柔らかくする。
❸シンクに圧力鍋を入れ、蓋の上から水をかけて圧力を抜く。 b
❹蓋を外して、圧力鍋の汁を100mℓ分取っておく。 c
❺豚肉を取り出して、ためた水につけ、汚れと油を落とす。 d
❻豚肉が冷めたら大振りに等分する。 e
❼鍋を洗い、B、❹、❻を入れて強火にかけ、中圧設定にする。
❽沸いたら弱火にして30分炊いて完成。❸と同様に流水をかけて圧力を抜く。 f

ゆで卵の作り方

❶鍋に卵がかぶるくらいの水を入れ、卵を静かに入れる。
❷強めの中火で12分ゆでる。途中、菜箸で卵をかき回す。
❸卵がゆで上がったら、冷水につけ、殻を剥く。

〈ゆで加減〉
半熟…10～11分
標準…12分
固ゆで…13分

保存方法 冷ましてから密閉保存容器に入れ、冷蔵保存5日

調理のポイント

ちらし寿司

カンタンPOINT ご飯に、韓国のりと刻んだガリを混ぜると味わい深く

調理時間 40 min
※ご飯が炊けていれば

【材料（2人分）】

〈寿司飯〉

酢飯…ご飯（2合）・酢（大さじ3）・砂糖（大さじ2）・塩（小さじ1）

ガリ…適量

韓国のり…5〜6枚

〈具材〉

●**炒り卵**…卵（2個）・砂糖（小さじ3）・マヨネーズ（小さじ2）

●**エビ**（ボイル済み）…4本

●**マグロ**（刺身用）…100g

●**生しいたけ甘煮**…しいたけ（4枚）・麺つゆ（60㎖）・水（20㎖）・砂糖（大さじ2）

●**きゅうり**（拍子木切り）…1本

●**かいわれ大根**…1/4パック

●**イクラ**（しょうゆ漬け）…大さじ4

【作り方】

〈具材〉

●**炒り卵**

❶ボウルに材料を入れ、溶きほぐす。

❷油を引かないフライパンに卵液を入れ、中火にかけ、へらで混ぜて半熟にする。a

❸ボウルに取り出し、泡立て器で混ぜる。b

●**エビ**

❶ボイル済みのエビの殻をむき、背から半分に切る。c

●**マグロ**

❶刺身用のマグロをしょうゆ（大さじ1/2）で洗う。（下味をつけ、マグロの赤味を発色させるため）d

●**生しいたけ甘煮**

❶生しいたけを薄切りにする。

❷鍋に材料を入れ、生しいたけが柔らかくなるまで10分ほど弱火で煮る。e

〈寿司飯〉

❶酢、砂糖、塩を合わせ、砂糖と塩が溶けるまでよく混ぜる。

❷硬めに炊いた温かいご飯と混ぜる。

❸❷にガリとちぎった韓国のりを混ぜ、器に盛る。f

〈仕上げ〉

❶具材を華やかに盛り付ける。

保存方法 酢飯のみ。冷蔵庫野菜室保存2日

調理のポイント

a

b

c

d

e

f

カンタンPOINT
厚焼き卵を炒り卵にすることで、失敗知らず

巻き寿司（太巻き・細巻き）

調理時間 30 min
※ご飯が炊けていれば

【材料（2本分）】

〈酢飯〉
硬めに炊いたご飯…2合分
寿司酢…酢（大さじ3）・砂糖（大さじ2）・塩（小さじ1）

〈具材〉
●**炒り卵**…卵（2個）・砂糖（小さじ3）・マヨネーズ（小さじ2）
●**刺身用マグロ**…50g
●**刺身用サーモン**…50g
塩…適量
●**きゅうり**…1/2本分
●**いくら（しょうゆ漬け）**…適量
●**たくあん**…薄切り3枚分
のり全形…2枚

【作り方】

〈具材〉
●**炒り卵**
❶ボウルに〈**炒り卵**〉の材料を入れ、溶きほぐす。
❷油を引かないフライパンに卵液を流し入れ、中火にかけて泡立て器で混ぜながら火を通す。
❸固まり出したら、濡れ布巾に乗せ、冷ましながら混ぜる。

●**刺身**
❶棒状に切ったサーモンとマグロに塩をふり、キッチンペーパーで水けを取る。 a

●**きゅうり**
❶きゅうりのへたを切り、縦四つ切りにする。

〈酢飯〉
❶寿司酢材料を合わせて、砂糖、塩が溶けるまで良く混ぜる。
❷温かいご飯と❶を混ぜる。
❸❷を2つに分ける。
※太巻き1本分（1/2量）と、細巻き2本分（1本は1/4量）

●**巻く**（太巻き、細巻き共通）
❹巻きすの上に、ツルツル面を下に向けてのりを置く。
❺上部を4㎝くらい開けて〈**酢飯**〉を広げる。 b
※細巻きは写真のようにのりを3㎝程カットする。 c
❻〈**具材**〉を乗せて巻く。 d e
※細巻きも同様に巻く。 f

保存方法 キッチンペーパーで巻きラップで包み、冷蔵庫野菜室保存1日

調理のポイント

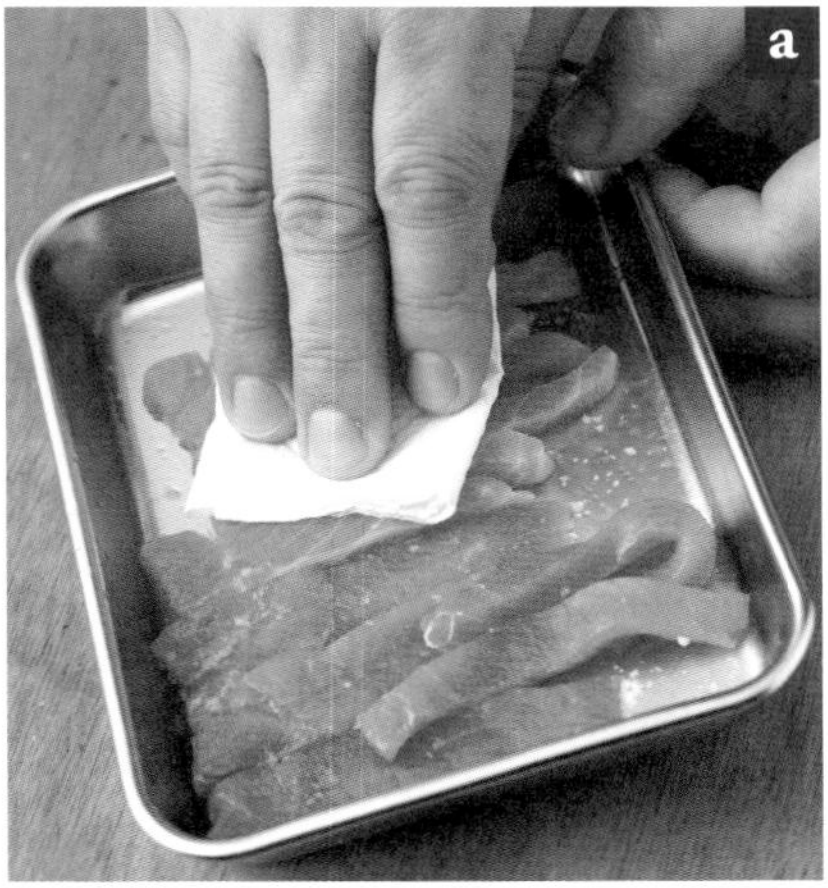

ご飯の
真ん中に
具材を置く

カンタンPOINT 栗の皮むきの手間を省いて、グッとおいしく

栗ご飯

調理時間 60 min

【材料】

米…2合(生300g)(浸水後400g)
水(炊飯用)…360㎖
鶏もも肉(皮つき)…120g
甘栗むいちゃいました…1袋(75g)
A
- しょうゆ…20㎖
- 酒…20㎖
- はちみつ…小さじ1

〈仕上げ〉
- バター…10g(風味づけ)
- 黒ごま…少々(あれば)

【作り方】

❶米を研ぎ、水に30分ほど浸水させ(浸水不要な炊飯器もある)、ザルに上げて水けを切る。※一度浸水させておけばご飯に芯が残ることはない。

❷フライパンを中火で熱し、少量の油(分量外)を引き、鶏肉の皮面を下にして置く。香ばしく焼き色をつけたら、反対面に返す(中まで火を通す必要はない)。a

❸炊飯器に水、Aを入れ、食べやすい大きさに切った鶏肉をのせ、甘栗を入れ、早炊きモードで炊飯する。b

❹炊きあがったらバターを入れて混ぜ、器に盛り、黒ごまをふる。c

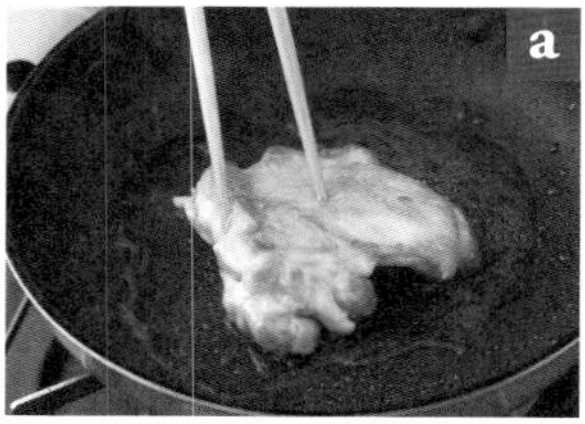

保存方法 ▶熱いうちにラップで包み、冷めたらアルミホイルで包み、冷凍保存2週間

カンタンPOINT 煎り黒豆を入れて、なんちゃってお赤飯風に

栗入りお赤飯風

【材料】

米…2合
水(炊飯用)…360㎖(やや多めが良い)
黒豆(豆菓子)…大さじ4
甘栗むいちゃいました…1袋(75g)
酒…20㎖
塩…小さじ½

〈仕上げ〉

黒ごま…小さじ1

甘栗むいちゃいました(クラシエフーズ)

豆菓子(中根商店)

【作り方】

❶米を研ぎ、水に30分ほど浸水させ(浸水不要な炊飯器もある)、ザルで水を切る。a
※一度浸水させておけばご飯に芯が残ることはない。

❷炊飯器に材料全部を入れ、早炊きモードで炊く。b

❸器に盛り、黒ごまをふる。c

a

b

c

調理時間 60 min

保存方法 熱いうちにラップで包み、冷めたらアルミホイルに包み、冷凍保存2週間

カンタンPOINT
出汁を使わず、塩昆布と油揚げでコクうま

竹の子ご飯

調理時間 60 min

【材料】

米…2合
ごま油…小さじ2
竹の子（水煮）…200g
油揚げ…1/2枚
※小さいサイズの場合は1枚
鶏皮…1枚
※無くても良いが入れると美味しい
塩昆布…20g
※入れることにより味つけ不要になる
水（炊飯用）…360㎖
酒…20㎖
〈仕上げ〉
三つ葉…適量

【作り方】

❶米を研ぎ、水に30分ほど浸水させ（浸水不要な炊飯器もある）、ザルで水を切る。※一度浸水させておけばご飯に芯が残ることはない。
❷フライパンにごま油を引き中火で熱し、竹の子と鶏皮入れて焼く。a
❸焼き色がついたらざっと混ぜて反対側の面も焼き、バット（皿）に出しておく。b
❹油揚げをみじん切りにする。c
❺三つ葉以外の材料を入れて炊く。
❻器に盛り、三つ葉を散らす。

a

b

c

保存方法 熱いうちにラップで包み、冷めたらアルミホイルに包み、冷凍保存2週間

掘りたて竹の子のかんたんアク抜き

作業時間 80 min

※食べられる目安…翌日

えぐみなく甘味・香りが残って一番おすすめの方法です

【材料】

皮つき竹の子…2kg（4～5本）
米ぬか…2カップ
鷹の爪…2本
水…竹の子を鍋に入れ、全体がかぶるくらいの分量

【作り方】

❶竹の子の泥をタワシできれいに洗い、穂先を斜めに切り落とし、竹の子の先端に縦に切り込みを入れる。a

❷大き目の鍋に、竹の子、全体がかぶる位の水を入れ、米ぬかと鷹の爪を入れる。落し蓋（耐熱の皿でも可）をして強火にかける。b

❸沸騰したら、弱火にして1時間ほどゆでる、途中白いアクが出たら取り除く。c

❹水分が減ったら湯を足し、常に竹の子が湯から出ないように注意する。d

❺根元に竹串を刺し、スーッと串が刺さったら火を止めてそのまま冷まし一晩漬けっぱなしにして翌日使う。e

保存方法

竹の子を食べるサイズに切って、キッチンペーパーで水けを取る。砂糖を全面にまぶしてフリーザーバッグに入れる。冷凍保存1ヵ月。 f

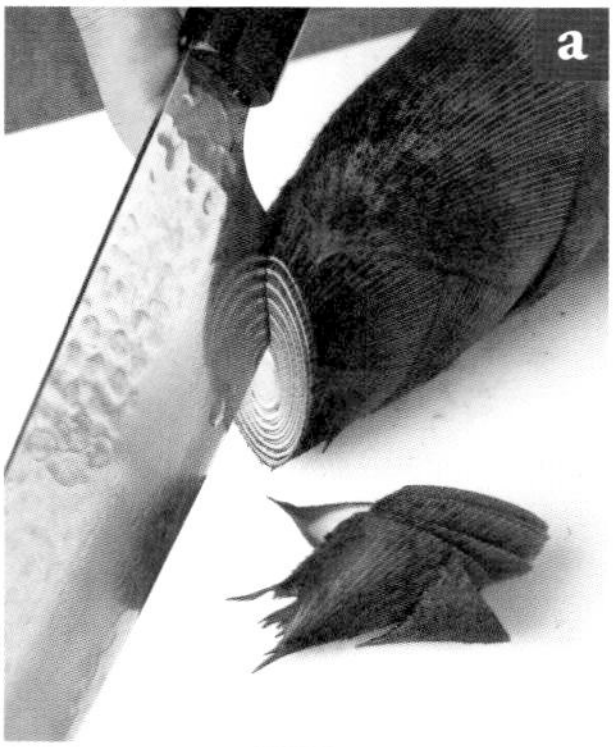
a

b

↑耐熱性の皿を落とし蓋として使用

c

d

e

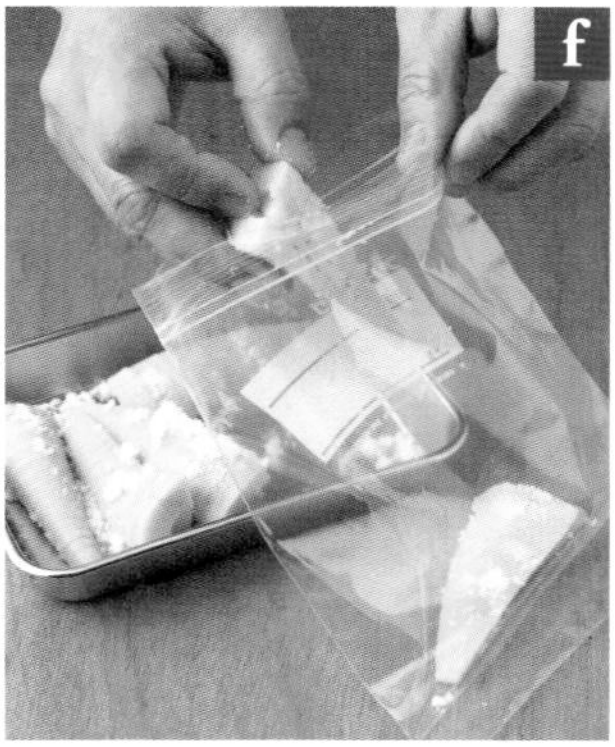
f

Profile

村田明彦（むらた あきひこ）

四谷荒木町「鈴なり」店主。1974年東京深川生まれ。高校時代、祖父のふぐ割烹でアルバイトをするうちに料理に目覚める。日本料理の老舗「なだ万」で13年間修業の後、2005年和食割烹「鈴なり」を構える。和食の本筋を踏まえた独創的な創作料理が評判となり、食通が集まる荒木町で連日満席の人気店となる。「ミシュランガイド」の2012～2018年度版にて、7年連続で一つ星を獲得。テレビや雑誌でも活躍中。

●STAFF
調理補助：徳本寛一（東京割烹てるなり）
写真：伊藤泰寛（講談社写真部）　装丁：田中小百合（オススデザイン）
デザイン：保坂美季子（朝日メディアインターナショナル株式会社）

ムズカシイことぬき！
きほんの和食《わしょく》。

2021年10月5日　第1刷発行

著　者　村田明彦《むらたあきひこ》
発行者　鈴木章一
発行所　株式会社講談社
〒112-8001　東京都文京区音羽2-12-21
販売　TEL 03-5395-3606
業務　TEL 03-5395-3615
編　集　講談社エディトリアル
代　表　堺　公江
〒112-0013　東京都文京区音羽1-17-18
護国寺SIAビル6F
編集部　TEL03-5319-2171
印刷所　凸版印刷株式会社
製本所　株式会社国宝社

KODANSHA

N.D.C.594 111p 21cm ISBN 978-4-06-525124-9